KB141999

남자는
나쁘다

Why Men Leave
by Brenda Shoshanna

Original copyright ⓒ 1999 Brenda Shoshanna
Korean translation copyright ⓒ 2013 Sam & Parkers Co., Ltd.
This Korean edition was arranged with
Brenda Shoshanna C/O Lukeman Literary Management Ltd., USA
through Best Literary & Rights Agency, Korea
All rights reserved.

이 책의 한국어판 저작권은 베스트에이전시를 통해
Lukeman Literary Management와 독점계약한 ㈜쌤앤파커스에 있습니다.
신저작권법에 의해 한국 내에서 보호를 받는 저작물이므로 무단 전재 및 무단 복제를 금합니다.

WHY MEN LEAVE

원래 그 모양으로 태어난
'남자' 파헤치기

브렌다 쇼샤나 지음 | 정지현 옮김

남자는
나쁘다

쌤앤파커스

남자는 나쁘다

2013년 4월 9일 초판 1쇄 | 2016년 5월 27일 7쇄 발행
지은이 · 브렌다 쇼샤나 | 옮긴이 · 정지현

펴낸이 · 김상현, 최세현
마케팅 · 권금숙, 김명래, 양봉호, 최의범, 임인옥, 조히라
경영지원 · 김현우, 강신우 | 해외기획 · 우정민
펴낸곳 · (주)쌤앤파커스 | 출판신고 · 2006년 9월 25일 제406-2012-000063호
주소 · 경기도 파주시 회동길 174 파주출판도시
전화 · 031-960-4800 | 팩스 · 031-960-4806 | 이메일 · info@smpk.kr

ⓒ 브렌다 쇼샤나 (저작권자와 맺은 특약에 따라 검인을 생략합니다)
ISBN 978-89-6570-140-8 (03180)

이 책은 저작권법에 따라 보호받는 저작물이므로 무단전재와 무단복제를 금지하며, 이 책 내용의 전부
또는 일부를 이용하려면 반드시 저작권자와 (주)쌤앤파커스의 서면동의를 받아야 합니다.

• 잘못된 책은 구입하신 서점에서 바꿔드립니다.   • 책값은 뒤표지에 있습니다.

쌤앤파커스(Sam&Parkers)는 독자 여러분의 책에 관한 아이디어와 원고 투고를 설레는 마음으로 기다리고
있습니다. 책으로 엮기를 원하는 아이디어가 있으신 분은 이메일 book@smpk.kr로 간단한 개요와 취지,
연락처 등을 보내주세요. 머뭇거리지 말고 문을 두드리세요. 길이 열립니다.

항상 당신의 옆에 있어주지만
당신과는 다른 사람이
당신의 반쪽이 되어야 한다.

— 마차도 Machado

차례

우리 사이엔
낮은 담이 있어

남자는 나쁘다. 사랑을 할 때 평정심을 잃게 만드니 나쁘고, 수시로 한눈을 파니 나쁘다. 그뿐인가. 몰래 환상의 여인을 상상하며, 있을 때 잘하지 못하고 지나간 사랑을 뒤늦게 그리워한다. 또 정작 자기관리는 잘 못하면서 자기 여자는 다른 사람들 앞에서 흐트러지는 모습을 용납하지 않으며, 때론 여자 자체를 자신을 돋보일 수단으로 이용하기도 한다. 어찌 저찌 하여 결혼을 할라 치면, 쓸데없는 자존심을 부리거나 자신이 흑기사라도 된 양 으스대기 일쑤다. 결혼 후엔 가족들과의 문제를 현명하게 중재하기는커녕 일을 더 크게 만들고, 나이를 먹을수록 점점 더 사춘기 소년이 되어가며 자신이 원하는 건 오직 자유뿐이라고 외친다. 어떠한가. 이래도 남자가 필요한가? 굳이 이런 존재와 같이 부대끼며 살아야겠는가?

하지만, 그래도 남자는 사랑스럽다. 스스로도 몰랐던 내 모습을 발견하게 하고, 긴장감을 잃지 않게 하니 좋다. 누군가의 첫사랑으로 오래 기억되리란 사실도 은근히 뿌듯하며, 다른 사람들 앞에서 자랑스러운 존재가 될 수 있어 기쁘다. 평소엔 온갖 신경을 다 쓰이게 하다가도 결정적인 순간에 든든한 버팀목이 되어주며, 가정이라는 울타리를 지키기 위해 무거운 책임감을 스스로 떠안으니 고맙다. 그래서 아무리 다르고 이해하기 어려워도, 어쨌거나 '남자는 필요하다.'

그러니까 엄밀히 말하면 남자는 나쁜 것이 아니라 다른 것이다. 여자와 남자는 생물학적 특성뿐 아니라 '뇌구조' 자체가 다르므로 그냥 '다른 인종'이라고 표현하는 것이 더 옳을지도 모른다. 같은 영화를 봐도 서로 다른 장면을 기억하고, 함께 대화를 나눠도 머릿속에선 서로 다른 생각을 품는 것이 남자와 여자라는 것이다.

이렇게 그들 사이엔 '낮은 담'이 존재한다. 서로 완벽히 차단된 '벽'은 아니지만, 다른 쪽으로 넘어가기 위해선 몸과 마음을 얼마간 움직여야 하는 담 말이다.

그러나 결혼이나 사회생활이 아니라도 인생을 살면서 남자라는 존재 자체를 아주 맞닥뜨리지 않을 방법은 없다. 그렇다면 평생의 적이자 동반자인 남자에 대해 좀 더 잘 알면 모든 게 수월해지지 않을까? 그래야만 서로 상처를 덜 받으며 꿈꾸던 사랑에 한 걸음 더 다가갈 수 있지 않을까?

그들은 결국 상처 입은 소년일 뿐

남자를 이해하는 일은, 그의 이야기에 귀 기울이는 일에서부터 출발해야 한다. 그의 경험을 존중하고 그의 입장에서 판단해야 한다. 그의 생각, 그의 문제, 그의 꿈, 그의 상처에 관심을 갖지 않는다면 남녀 사이의 보이지 않는 전쟁은 절대로 끝나지 않는다. 관계의 균열이 사라지지 않으면 관계 자체가 깨질 위험이 크거니와, 혹여 상처를 덮어두고 결혼을 한다 해도 자녀들에게까지 그 고통이 고스란히 전달될 것이다.

나는 '관계' 분야에 특화된 심리학자로서 싱글에서부터 이혼남까지, 다양한 연령대와 경제적 지위, 학벌, 사회적 배경을 가진 남자들을 두루 만나 면담을 나누었다. 수많은 남자들과 속 깊은 대화를 나누면서 그들이 가진 각양각색의 문제와 상처들을 만나게 되었고, 크게 14가지 주제로 그 분야를 나눠볼 수 있었다.

남자들의 습성과 방황을 이해하려면, 표면적인 행동만이 아니라 과거의 상처, 내재된 심리, 본능적 욕구, 어린 시절의 트라우마까지 전반적으로 살펴봐야 한다. 현재의 모습이나 단편적인 특징만으로는 뭐라 단정할 수 없는 것이 우리 인간의 마음이기 때문이다. 그래서 다양한 분야의 치료학자들에게 의뢰해 그들의 심리를 자세히 분석하고, 근본적인 원인을 찾을 수 있도록 했다.

사실 각각의 장은 하나의 주제나 마찬가지이며 서로 긴밀히 연결되어 있다. 남자는 딱 떨어지게 분류하기엔 매우 복잡한 존재들이기 때문이다. 남자는 절대 단순하지 않다. 그들은 그저, 각기 다른 환경에서 다른 방법으로 상처 입은 소년들일 뿐이다.

남자는 왜 떠나려 하는가

이 책은 이 질문을 다시 해보려 한다. 남자가 자꾸 딴생각을 하며 어디론가 도망치고 싶어 하는 이유를 살피는 것에 그치지 않고, 그가 그녀 곁에 오래도록 다정하고 충실한 남자로 머무르게 하려면 어떻게 해야 할지에 대해 이야기하려는 것이다.

또한 일생에 한 번 올까 말까 한 '진짜 사랑'을 찾기 위해서 소모하는 '고통과 혼란의 시간' 들을 줄일 수 있는 방법을 안내하려 한다. 이 책 마지막에 소개되어 있는 일종의 '사랑의 묘약'이 바로 그것이다.

아주 간단한 진리이지만, 현재 위기를 겪고 있는 커플들에게 실

용적이고 확실한 효험을 발휘할 처방전이다. 여성들에겐 남자의 갖가지 욕망을 이해하고 관계를 더욱 굳건히 할 수 있도록 돕는 명약이, 남성들에겐 스스로 내면의 상처를 명확히 들여다봄으로써 좀 더 어른스럽고 건강한 사랑을 할 수 있도록 돕는 치유제가 되어줄 것이다.

나아가 아직 아무런 갈등 없이 평탄한 관계를 유지하고 있는 커플이라도 사랑을 지키기 위해 반드시 명심해야 할 계명들을 소개하고, 아직 싱글인 이들에게는 어떤 남자를 만나 어떻게 연애해야 할지 현명한 가이드라인을 제시해줄 것이다. 나의 진정한 짝은 누구인지, 그에게 무엇을 기대해야 하는지, 지긋지긋한 이 사랑의 끈을 잘라버려야 할지 계속 이어나가야 할지 알고 싶다면, 반드시 맨 마지막 장이라도 읽어보길 바란다.

"나 자신을 해치면서까지 가치 있는 남자는 없어."라던 어느 드라마 여주인공의 대사처럼, 스스로 행복하지 않은 사랑은 무의미하다. 사랑은 '아프려고 하는 것'이 아니라 '행복하기 위해 하는 것'이다.

남녀는 적이 아니다. 이제 무기를 내려놓자. 서로 깊이 이해하며 보듬기에도 인생은 너무 짧다. 한 번 더 생각하고, 한 번 더 안아주자. 이 책은 그저 사랑을 사랑 그대로 온전히 즐길 수 있도록 도와줄 뿐이다.

1

세상에 예쁜 여자는 많고,
시간은 없다

> 남자는 사랑하는 여자를 위해 무엇이든 해주지만,
> 그가 해주지 않는 단 한 가지는 영원히 사랑해주는 일이다.
> – 오스카 와일드Oscar Wilde

흔히들 남자들이 한눈을 파는 가장 큰 이유가 바로 '다른 여자' 때문이라 여긴다. 그럴지도 모른다. 오랜 연애가 지긋지긋 해졌을 즈음, 어리고 섹시한 데다 말까지 잘 듣는 여자가 눈앞에서 유혹할 때, 흔들리지 않을 남자가 과연 몇이나 될까?

하지만 아무리 남자들이 예쁜 여자를 좋아한다고 해도, 매력적인 여자가 나타났다는 사실만으로 현재 여자 친구를 배신하는 사람은 아마 없을 것이다. 이미 오래 전부터 잠재되어 있던 여러 가지 요인들이 '새로운 여자'라는 촉매제를 만난 것뿐이다. 마치 가라앉는 배 앞에 던져진 구명보트처럼.

윌리엄 앨런슨 화이트 연구소(William Alanson White Institute)의 정신의학자이자 뉴욕대학교 박사 후 연구 과정 지도교수인 해리엇 필드Harriet Field 박사는 이렇게 말한다.

"진정 사랑하고 서로의 관계에 만족한다면, 그리고 둘 사이가 여전히 뜨겁고 충만하다면, 남자들은 다른 여자 때문에 떠나지 않습니다. 그중 무언가가 사라졌기 때문에 떠나는 거죠.

무언가 충족되지 않는 느낌 때문에 다른 여자의 유혹에 쉽게 약해지는 것이지, 절대 어느 날 갑자기 일어나는 일이 아니에요. 새로 나타난 여자가, 현재의 그녀에게서 얻을 수 없는 것을 주기 때문에 한눈을 파는 거죠. 비록 그것이 현실이 아닌 환상일지라도 말이에요."

남자가 한눈을 파는 진짜 이유

30대 중반의 맥스는 22세 때 첫사랑 팸과 결혼했다.

"아내는 활동적인 성격이라 좋았어요. 우린 보수적인 분위기의 학교에서 마치 히피처럼 행동했죠. 같이 대학을 다녔고 졸업 후 팸은 아이들을 가르쳤어요. 집도 절도 없던 시절이었지만 함께 있다는 것만으로 마냥 좋았죠.

그런데 팸이 취직을 하면서 우리 사이에 무언가 금이 가기 시작했어요. 그녀는 저보다 돈을 많이 벌었고, 우린 점점 떨어져 있는 시간이 많아졌어요. 저 역시 일 때문에 바빴고요.

서로에게 소홀해지자 갑자기 제게 관심을 보이는 여자들이 눈에 들어오기 시작했습니다. 사실 좀 놀라웠죠. 어린 나이에 결혼했고 아내가 제 첫사랑이었기 때문에 다른 여자를 사귀어본 적이 없었거든요. 꼭 상대에게 호감이 있는 게 아니어도, 누가 날 좋아해준다는 게 싫진 않더라고요. 하지만 맹세코 팸과의 관계가 나빠지기 전까지 딴 여자를 만나진 않았습니다."

그는 예전에 아내와 함께했던 단순하고 자유로운 라이프스타일로 돌아가고 싶었지만, 둘의 삶은 그들도 모르게 갈수록 전혀 다른 방향으로 치닫고 있었다.

"우린 둘 다 음악을 좋아했어요. 그녀는 노래를 잘하고 기타도 잘 쳤어요. 저 역시 음악을 전공했고 트럼펫 연주를 즐겼죠. 음악은 제 인생에서 아주 중요해요.

그런데 팸은 알고 보니 물질적인 라이프스타일을 추구하더군요. 결혼 전엔 잘 몰랐었죠. 아내는 한마디로 '여피Yuppie족(도시에 살면서 전문직에 종사하는 젊은 세대를 가리킴-옮긴이)'이었던 거죠. 돈 쓰는 걸 좋아했고 남들에게 보이고 싶은 욕구도 강해 돈을 더 많이 벌고 싶어 했죠."

맥스는 점점 자신이 들어줄 수도 없고 들어주고 싶지도 않은 요구를 하는 아내를 보며, 전혀 모르는 여자와 결혼한 것 같다는 생각이 들었다. 아내가 낯설게 느껴졌던 것이다. 당연히 둘 사이엔 금이 가기 시작했다.

"모든 게 아내가 일 때문에 바빠지면서부터 시작됐어요. 정말 힘들었죠. 우린 대화가 부족했어요. 우리의 진짜 문제가 무엇인지, 깊이 있는 이야기를 나눠본 적이 없어요.

한번은 같이 부부문제 상담사를 찾아간 적이 있는데, 문제가 뭐냐고 묻기에 전 '아내가 저를 들들 볶지만 않았으면 좋겠어요.'라고 했죠. 우린 툭하면 말다툼하는 게 일상이었거든요. 근본적인 문제들을 둘러싼 사소한 것들로 다투기 시작해 나중엔 험악한 말들까지 오갔죠.

결혼한 지 6년쯤 됐을 때 팸은 아이를 원했어요. 교외로 이사도 하고 볼보 자동차도 사고 싶어 했죠. 남들처럼, 남부럽지 않게 살고 싶었던 거예요.

물론 그 자체가 나쁘다는 건 아니지만, 제가 원하는 것과 너무 달랐어요. 아이를 가질 상황도 아닌 것 같았고요. 아내의 요구가 많아질수록 점점 제 자신을 탓하면서 죄책감이 들기도 했습니다."

맥스는 기본적으로 그들의 위기가 둘 중 한 명의 '잘못' 때문이라고 생각했다. 두 사람이 원하는 것이 다르고 그들의 삶이 서로 다른 방향으로 나아가고 있어서라는 것은 깨닫지 못했다.

"팸은 대학원에 들어갔고 늘 목표 지향적으로 살았어요. 그때 우연히 직장 동료인 베스와 친해지게 됐습니다. 처음에는 함께 점심을 먹으며 대화를 나눴어요. 그녀는 저처럼 일찍 결혼해서 아이를 둔 유부녀였죠. 우린 서로의 결혼생활에 대해 많은 이야기를 했어요."

아내와 점점 멀어지고 있던 맥스는 새로운 여자와 함께하는 시간이 달콤하게 느껴졌다. 베스와 함께 있으면 혼자라는 기분이 들지 않았고, 자신이 누군가에게 꼭 필요한 존재가 된 느낌이었다. 무엇보다 그녀와는 '대화가 통한다.'는 생각이 들었다.

"베스는 적극적이고 아름다운 여자였어요. 우린 점점 친해졌고, 흔히 말하는 불륜 관계가 되었죠.

하지만 그녀에게 전적으로 의지했던 건 아니었어요. 왠지 모르게 이용당하고 조종당하는 기분이었거든요. 절대 같이 살고 싶은 마음은 없었죠. 그저 그녀에게 위안을 얻고 섹스하는 게 좋았어요. 정말 화끈한 여자였거든요.

얼마 후 그녀가 새 집을 얻어 동거를 하자고 했지만 고민스러웠습니다. 베스에게 푹 빠져 있긴 했어도, 마음속으로는 아직 아내를 사랑했으니까요."

대부분의 남자들은 두 갈래의 감정을 오래 이어나가지 못한다. 두 여자 사이에서 왔다 갔다 하며 전혀 다른 사람처럼 행동하기보다 어떻게든 결단을 내리고 싶어 하는 경향이 있다.

"몇 달이 지나 더 이상 거짓말을 감당할 수 없겠다는 생각이 들었어요. 아내에게 모든 걸 털어놓고 용서를 빌었어요. 대신 그 여자와 헤어지겠다고 했죠. 당시만 해도 제 감정은 확실치 않았던 것 같아요. 아내는 생각보다 담담하게 그 여자와 확실히 끝내라고 했죠. 어쩌면 이미 알고 있었거나 의심하고 있었는지도 몰라요.

하지만 베스와 헤어지려면 직장을 그만둬야 했습니다. 전 새 일자리를 구하는 게 겁이 났어요. 다신 만나지 않기로 했지만, 한 공간 안에 있다 보니 어느새 베스와의 관계도 스물스물 다시 시작됐죠. 두 여자 사이를 왔다 갔다 하는 건 제게도 정말 끔찍한 일이었어요."

이런 상황에서는 '거짓말'이 가장 큰 독이다. 자기 자신은 물론 상대방에게까지 돌이킬 수 없는 생채기를 내기 때문이다.

"결국 베스와 전 둘이 살 집을 구하러 갔어요. 그런데 어느 순간 차 안에서 갑자기 정신이 번쩍 들더군요. 내가 뭐하고 있는 건가 싶었어요. 그래서 베스에게 도저히 못하겠다고 했죠.

그러자 그녀는 절 달래며 키스해주었어요. 고속도로 갓길에서 우린 사랑을 나누었고, 전 다시 그녀가 원하는 대로 하겠다고 했어요. 속으로는 이러면 안 된다고 외치고 있었지만, 어찌 할 도리가 없었어요."

베스는 섹스로 그를 완전히 통제하고 있었다. 동시에 그는 아내에 대한 무의식적인 분노에도 지배당하고 있었다. 아내 앞에서는 남자로서 무기력해지는 그였지만, 베스는 그가 남성으로서의 매력을 되찾게 해주었다.

"아내에게 좀 떨어져 지내자고 했습니다. 제가 집을 나오기 직전 아내는 전과 다르게 과격해지기 시작했어요. 하루는 제가 거실에서 기타를 치고 있는데, 갑자기 가위를 들고 와 기타 줄을 전부 끊어버린 적도 있어요."

그의 아내는 표면적으로는 아무렇지 않은 것 같아 보였지만, 속으로는 위험할 정도로 분노가 쌓여가고 있었다. 흔히 말하는 '화병' 같은 것이다. 남편이 사랑하는 음악을 경멸하며 기타까지 부숴버린 것은, 마치 그녀 스스로 행한 '거세' 행위와도 같았다.

이렇게 아내와의 갈등이 깊어질수록 그는 더욱 베스에게 의지하게 되었다.

"전 지금까지 혼자 힘으로 살아온 적이 별로 없어요. 그래서 겁이 나긴 했지만, 결국 베스와 함께 살림을 차렸습니다.

그 집에서 일주일 정도 살았을 때쯤 독감에 걸렸어요. 그제야 상황 파악이 되더군요. 내가 어쩌다 이렇게 된 걸까 하는 후회가 밀려왔어요. 감기약을 사러 간다고 하고 나와서 아내에게 전화해 모든 것을 솔직히 털어놨죠. 아내는 화를 내면서도 저를 데리러 왔습니다."

남자는 두 여자를 한꺼번에 만날 때, 그 둘을 '좋은 어머니'와 '나쁜 어머니'로 분리하는 경우가 많다. 한쪽은 원하는 것을 들어주는 어머니이고, 한쪽은 벌을 내리는 어머니다.

맥스도 마찬가지였다. 처음에는 베스를 좋은 어머니로 느꼈지만, 함께 살면서 현실이 비집고 들어오자 상황이 반전되었다. 갑자기 아내 쪽이 좋은 어머니로 바뀐 것이다.

"집에 돌아가자 아내는 저와 아무것도 하려고 하지 않았어요. 아파서 누워 있는 제게 다시 그 아파트로 꺼져버리라고 소리치기까지 했죠.

독감이 나은 후 다시 회사에 나가니 베스는 다시 저를 유혹하기 시작했습니다."

이런 경우 외도를 부추기는 것은 남편과 아내 사이의 '분노'다. 단순히 새롭게 끼어든 다른 존재 때문이 아니라, 두 사람 사이의 패턴 때문에 일어나는 일이다.

하지만 대부분의 사람들은 이 사실을 잘 모른 채 외도의 주체인 한쪽만을 비난한다. 분명 잘못한 일은 맞지만, 그 행동 자체를 탓하기만 한다면 문제의 근본적인 원인에 다가갈 수 없다.

"아내와 크리스마스도 함께 보내지 못했죠. 12월의 마지막 날, 베스와 저는 아파트에서 샴페인을 마시고 사랑을 나눴습니다. 하지만 맹세코 새해가 되면 아내에게 돌아가 다시 용서를 구할 마음이었어요.

그런데 일이 터졌습니다. 1월 1일에 베스와 방에 앉아 있는데 쨍그랑 하는 소리가 났어요. 아내가 창문을 깨고 아파트 안으로 들어온 거죠. 그러고는 우리 둘에게 달려들더니 마구 때리기 시작했습니다. 전 아내를 피하려다 유리를 밟아 피가 났고, 아내는 제 얼굴을 향해 팔을 휘둘렀어요. 전 엉겁결에 아내를 밀쳤죠.

이 일이 있은 후, 우리가 서로에게 보이지 말아야 할 바닥까지 보였다는 생각이 들더군요. 다시 시작할 자신이 없어졌어요."

극도로 화가 폭발한 팸은, 자신이 그런 식으로 분노를 표출하는 것은 지극히 당연하다고 생각했다. 그러나 중요한 것은 상황이 이렇게까지 된 데는 팸도 한몫했다는 사실이다. 팸은 물론 맥스도 이 사실을 깨닫지 못했다.

"항상 모든 게 제 잘못이라고 생각했어요. 거짓말을 하고 외도를 하고, 원인을 제공한 건 바로 저니까요. 저도 아내와 다시 잘해보려고 했어요.

하지만 전 연말연시에 집에서 쫓겨났고, 크리스마스와 새해에 갈 곳이 없었다고요. 그쯤 되자 '이 여자가 나랑 정말 끝을 내고 싶구나.' 하는 생각을 지울 수가 없었어요."

대부분의 여자들은 그런 상황에서 남자가 돌아와 잘못을 인정하고 용서를 구하며 '네가 필요해.'라고 말해주기를 기대한다. 잘못이 그에게 있음을 증명함으로써, 관계에서 우위를 점하고 그를 통제할 수 있는 빌미를 갖길 원하는 것이다. 이는 한쪽이 상대방을 두려워하고 복종하도록 하는 '새디즘과 마조히즘' 관계의 기본적인 형태다.

"그 후로 아내와 합치겠다는 생각은 사라졌습니다. 아내가 무서워졌기 때문이죠. 결국 우린 이혼 절차를 밟았어요. 제 짐을 집에 그대로 두고 아내에게 모든 재산을 가지라고 했습니다.

나중에 알았지만, 아내는 진심으로 제가 돌아오길 바란 것 같더군요. 하지만 이미 우린 돌아올 수 없는 강을 건넜어요."

맥스의 경우 고독과 외로움을 달래기 위해 다른 여자를 만났다. 집에서는 아내를 충족시켜주지 못하는 나약한 자신과 투쟁해야만 했지만, 베스와 있으면 자신이 중요한 존재로 느껴졌던 것이다.

그런데 이혼 후 그와 베스와의 관계도 조금씩 달라지기 시작했다. 이제는 베스가 그의 모든 욕구를 충족해줘야만 하는 주인공이 된 것이다. 그렇게 열정이 조금씩 식으면서 그는 그녀를 현실적인 관점으로 바라보게 되었다.

"우린 다른 점이 많았어요. 대화를 할 때 초점이 맞지 않는 경우가 많았죠.

3년쯤 지나자 그녀는 저와 결혼을 하고 싶어 했죠. 관계에 변화가 필요한 시점이긴 했지만 그녀에게 단호하게 말했어요. '당신과 결혼할 마음이 아예 없는 건 아니지만, 한번쯤 혼자 살아보고 싶다.'고요. 베스와 헤어지려는 건 아니었어요. 누구에게도 의존하지 않고 그야말로 저 혼자 인생을 책임지며 살 수 있는지 시험해 보고 싶었죠."

그에게는 정체성을 확립하고 이전의 결혼생활에서 완전히 벗어날 시간이 필요했다. 스스로 안정을 찾고 자립심을 기르지 않는 이상, 두 번째 결혼도 잘될 리 없었기 때문이다.

"베스는 슬퍼하면서도 제 의견에 동의해줬죠. 그런데 제가 나온 후 일주일 정도 지났을까요, 우리가 같이 살던 아파트를 지나다 창문 너머로 그녀가 다른 남자와 함께 있는 걸 봤습니다. 충격이었어요.

그녀는 저 때문에 자신도 상처를 받았으며, 화가 나서 다른 남자를 만났다고 했습니다. 왜 내가 떠날 때 말을 하지 않았냐고 묻자, 뭐라 말해야 할지 몰라서 그랬다더군요. 결국 베스와도 헤어졌고 지금은 가끔 연락만 합니다."

맥스는 여자들과의 관계에서 심각한 의사소통의 부재를 경험했다. 아내에 대한 분노를 대화로 풀지 못하고 외도라는 그릇된 행동으로 표출했으며, 아내에게 했던 행동 그대로를 베스에게 다시 돌려받았다.

맥스는 굉장히 엄숙하고 건조한 가정환경에서 자랐다. 그의 집은 부모님의 사고방식대로 행동해야만 인정받고, 두려움이나 슬픔 등 부정적인 감정을 함부로 드러내면 안 되는 분위기였다.

맥스에겐 마음을 열고 나누는 솔직한 대화가 필요했고, 비난보다는 이해가 절실했다. 처음에는 베스가 그 점을 충족해주는 듯했지만, 시간이 지나면서 그들의 사이는 점차 성적인 관계에 국한되어버렸다. 그는 달리 기댈 곳이 없었고, 자신의 진정한 속내를 보여줄 수 있는 사람이 아무도 없었다.

맥스는 베스와 헤어진 뒤 새로운 도시로 이사해 혼자 살면서 사회복지 분야에서 일하고 있다. 여전히 부드럽고 예민하고 따뜻한 성격의 그는, 이제야 새로운 관계를 시작할 준비가 되었다고 말한다.

오랜 연인이 극복해야 할 과제

"애나하고 있으면 아내하고 있을 때와는 다른 사람이 돼요."

40대의 레너드는 얼마 전부터 아내를 두고 다른 여자를 만나기 시작했다.

"아내와 특별한 문제가 있는 건 아니지만 뭐랄까, 점점 숨이 막히는 느낌? 아내가 결코 느끼게 해줄 수 없는 감정을 애나가 일깨워주고 있어요. 만약 아내에게 그런 모습을 보였다간 '당신 미쳤어?'란 소리를 들을 게 뻔하죠. 아내는 깔끔하게 포장된 삶을 살고 싶어 해요.

하지만 전 곧 터지기 직전의 활화산 같았어요. 그러다 애나를 만났고 전 결국 폭발했죠. 스스로도 믿을 수가 없었어요. 배꼽이 터져라 웃고, 미친 사람처럼 사랑을 나눠요. 살아 있는 것 자체를 감사하게 여기게 됐죠. 마치 새로운 인생을 사는 것 같아요.

물론 멈추려고도 해봤죠. 하지만 아내와 함께 하는 예전의 저로 돌아가는 건 불가능했어요. 아내가 꾸린 다소곳한 집에 더 이상 제 공간은 없었어요. 결국 이혼할 수밖에 없었죠.

애나와 함께 있는 제 모습을 사랑해요. 지금 제게 필요한 건 바로 그것뿐입니다."

그는 인터뷰 내내 '아내보다 애나를 더 사랑한다.'는 말은 하지 않았다. 그가 사랑에 빠진 상대는 바로 예전과 달라진 '새로운 자신'이었다.

"거짓된 자신과의 오랜 싸움을 막 끝낸 기분이에요."

레너드가 오랫동안 해온 싸움의 정체는 과연 무엇일까? 노자의 말처럼 진정한 싸움은 내면에서 벌어지는 것이다. 현실적인 인간과 이상적인 인간 사이에서 말이다.

오랜 연인에게는 반복되는 일상, 미래에 대한 기대, 주위 시선에 따른 제약 등이 오히려 관계를 부식시키는 경우가 많다. 마치 진정한 내 모습이 아니라 거짓된 삶을 사는 것처럼 느낄 때도 있다. 무언가 새로운 변화나 신나는 일이 일어나지 않을 것 같은 기분이 들곤 한다.

그러므로 오랜 연인이나 부부일수록 각자의 시간과 공간을 충분히 가질 필요가 있다. 그래야만 두 사람 모두의 꿈을 꾸며 함께 역경을 헤쳐 나가기 쉽다. 진정한 안정감은 평범한 일상이 아니라, 집착을 버리는 데서부터 얻을 수 있다.

실존주의자들은 일부일처제는 자연스럽지 않으며 사회화의 결과일 뿐이라고 주장한다. 아무리 행복해도 일정 시간이 지나면 남성의 깊은 내면에서 다양한 삶, 발견하는 삶, 진정한 삶에 대한 욕구가 깨어난다는 것이다.

이러한 근본적인 문제가 해결되지 않은 상태에서는, 십중팔구 헤어지게 되거나 어쩔 수 없이 '정 때문에' 함께 사는 상태가 된다.

천사와 짐승의 착실한 동거

마흔을 갓 넘긴 게리는 잘생기고 에너지 넘치는 유대인이다. 가라테 유단자이며 경찰 출신으로 책도 쓰고 강연도 활발히 하는, 열정적인 남자다. 그는 헤어질 때 여자에게 상처를 주고 싶지 않아 늘 신중을 기했다고 말한다.

"최대한 상처 주지 않으려고 노력했어요. 관계에 희망이 없어 보여도 말이죠. 진실을 안다는 건 때로 잔인하잖아요?

그래서 전 헤어져야겠다 싶으면 여자 쪽에서 먼저 말을 꺼내도록 했어요. 어찌 보면 비겁한 것 같지만, 그래도 그게 상대방의 자존심을 지켜주는 방법이라고 생각해요. 그쪽이 원하는 걸 제가 해줄 수 없으니 헤어지는 거라고 저를 탓하죠. 그녀가 자책하지 않도록 말이에요. 남녀관계에 일방적인 건 없어요, 그저 둘이 잘 맞지 않을 뿐입니다."

게리는 그동안 수많은 여성들을 만나온 경험을 이야기했다.

"경찰이 되고 나니 여자들이 자석처럼 달라붙었어요. 저도 신기할 정도였어요. 여자들은 제복 입은 남자한테 끌리잖아요. 자신을 끝까지 지켜줄 것 같다나요.

모델, 배우, 의사, 변호사 등 각계각층의 여자들을 만났는데, 하나같이 이렇게 얘기하더군요. 자신만을 지켜주고 자신만을 안아주는 남자를 원한다고. 물론 남자들도 그러고 싶죠. 하지만 남자들의 마음속엔 천사와 짐승이 함께 살고 있어요.

몇 년 동안 만난 여자가 있었어요. 예쁘고 섹시하고 사랑스러운 여자, 수전이었죠. 남자라면 누구나 반할 만했어요. 제 돈 관리까지 해줄 정도로 가까운 사이였어요.

그러나 전 젊었고 준비가 아직 덜 되어 있었죠. 다들 저더러 그녀와 결혼하라고 부추겼어요. 하지만 예쁜 여자들이 계속해서 접근해오는데 어떻게 한 여자에게 정착을 하겠어요? 전 많은 사람들과 다양한 경험을 하며 인생을 충만하게 살고 싶었어요. 친구들이 그러더군요. 결혼을 해도 애인을 만들 수 있다고.

하지만 한 사람에게 정착하지 않을 거라면, 결혼이 무슨 의미가 있나요? 이해하실지 모르겠지만, 전 새로운 여자를 만날 때 흥분을 느껴요. 꼭 성적인 의미만은 아니죠. 상대방의 에너지에 매력을 느끼며 사랑에 빠지는 기분은 정말 최고예요.

수전은 12년간 제게 절대적인 신뢰를 준 여자예요. 절 이해하고 기다려줬죠. 그녀는 제게 몇 번이나 다른 여자를 만나지 말라고 경고했어요. 여러 번 헤어지고 만나기를 반복하다가, 마침내 '난 아직 결혼할 준비가 되지 않았다.'고 털어났습니다. 그녀는 무척 화를 냈지만 그게 제 솔직한 심정이었어요.

저는 다양한 직업을 갖고 있어요. 무술, 형사재판, 사회복지 등 여러 분야에 몸담고 있죠. 저에 대한 인터뷰 기사가 나가자 더 많은 여자들이 연락을 해왔어요. 미혼이라는 걸 알고는 엄마나 할머니뻘 되는 여자들까지 전화할 정도였으니까요.

결국 수전은 저를 떠나 플로리다로 갔습니다. 처음에는 해방감을 느꼈어요. 그녀가 많이 울어서 미안하기도 했지만, 강한 여자니까 잘 이겨내리라고 생각했죠. 그땐 몰랐어요. 우리가 매일 숨 쉬는 공기의 고마움을 모르는 것처럼 말이에요. 수전은 제게 가장 가까운 친구이자 가족이자 애인이었고, 그녀가 떠나자 더 이상 진심을 보여줄 수 있는 사람이 없어지고 말았어요. 믿음은 하루아침에 생기는 게 아니고, 아무하고나 쌓을 수 없는 것이죠.

수전이 떠나고 약 두 달 후 제가 전화를 했어요. 그녀는 왜 연락했냐며, 지금 만나는 사람이 있다고 하더군요. 평생 함께할 동반자를 만났다는 겁니다. 믿을 수가 없었어요.

전 곧바로 플로리다행 비행기를 탔고 그녀를 만나 '내일 당장 결혼하자.'고 했어요. 물론 그녀는 거절했고요. 제게 받은 상처를 극복하고 새로운 사람을 만나고 있었거든요. 저는 그녀에게 고통만 주었지만, 그 남자는 그녀를 기쁘게 해주었습니다. 어떻게 해서라도 그녀를 되찾고 싶었지만 너무 늦어버렸죠."

게리는 자신의 인간관계에 대해 이렇게 말한다.

"전 동성친구보다 이성친구가 더 많아요. 여자들은 감정에 예민하고 개방적이라 대화가 잘 통합니다. 남자들에게는 속내를 드러내기 힘들어요. 그런 행동 자체를 연약하다고 여기니까요. 여자들과 꼭 로맨틱한 감정만 나누는 건 아니에요. 우정이나 친밀감, 그런 것들도 중요하죠. 상처받지 않으려면 여러 명의 여자들을 만나는 게 안전해요. 한 명만 만나다가 그 관계가 깨져버리면 아무것도 안 남잖아요."

그러나 게리의 방식은 애초부터 틀린 것이다. 여러 사람과 관계를 맺을수록 그중 누구와도 깊은 관계를 나누기는 힘들어지기 때문에 오히려 외로움은 커지고, 결국 스스로 혼자라는 기분이 들게 마련이다.

"남자들은 본래 일부다처제를 꿈꿔요. 한 여자하고만 있는 게 오히려 부자연스러운 거 아닌가요? 우리는 끊임없이 변하는 존재니까요. 저마다 다른 이유로 다양한 여자들에게 끌리는 거예요.

서로 아무리 사랑해도 모든 것이 마음에 들 순 없어요. 사랑해서 결혼한 부부가 왜 그렇게 자주 싸우겠어요? 늘 좋을 수만은 없기 때문이에요. 여러 명의 여자를 만나면 한 여자에게 그렇게 화를 내지 않게 돼요. 상대방에게 너무 많은 것을 바라지 않으니까 사소한 것에 집착하지 않죠. 내가 원하는 걸 누군가에게 얻지 못한다 해도, 다른 사람에게 얻을 수 있다고 생각하니까요. 여러 여자를 만나면 그녀들 모두에게 잘해주게 됩니다.

남자란 아무리 사랑하는 여인이 있어도 한눈을 파는 게 본능이죠. 정서적으로도 그렇지만, 남자는 성적으로도 다양성을 원하거든요. 같이 살면 확실히 자질구레한 생활 면에서 부딪치다 보니 성적 매력이 떨어질 수밖에 없어요. 아무리 매력적인 여자라도 신비감이 사라지면, 성적 매력이 떨어지죠. 아시잖아요, 남자들은 언제나 새로운 상대를 정복하고 싶어 하는 걸. 전 그런 제 본능에 충실할 뿐이에요."

제럴드 엡스타인Gerald Epstein 박사는 남녀의 성적 욕망의 차이에 대해 이렇게 말한다.

"서로 성적 리듬이 안 맞을 때가 있습니다. 예를 들어 남자는 강렬히 원하는데 여자는 그에 따라갈 수 없는 경우. 이럴 땐 한쪽의 불만이 쌓입니다. 섹스를 별로 원치 않는 여자들도 있어요. 대신 자신만의 공간을 필요로 하죠. 그런가 하면 매일 하고 싶어 하는 남자들도 있고요. 그러면 여자는 여자대로 피곤해서 견디기 힘들고, 남자는 남자대로 불만이 쌓여 다른 여자를 찾으려 하죠.

대개 성적인 불만은 결혼생활에 치명적입니다. 게다가 평균수명이 늘어나면서 한 명의 파트너와 오랜 결혼생활을 유지하는 게 힘들어진 것도 사실이죠."

게리가 말을 이었다.

"결혼과 동시에 남자는 다양한 성적 경험을 할 수 있는 권리를 잃어버리죠. 이것은 아주 큰 희생이에요. 남자들에게 섹스는 음식과 같거든요. 주기적으로 욕구가 충족되어야 하죠. 같이 살다 보면 서로 피곤해서, 생활에 치여서, 감정싸움 때문에, 섹스할 기분이 들지 않을 때가 많아져요. 친밀감은 커지겠지만 섹스의 횟수는 줄어들죠. 물론 아이가 태어나면 더하고요.

제가 아는 남자들은 거의 다 바람을 피워요. 유부남들은 절 대 놓고 부러워하죠. 남자들이 단순히 '섹스'만 원하는 건 아니에요. 그렇다면 돈을 주고 살 수도 있겠죠. 그들이 정말 원하는 건 '다른 여자와의 관계'예요.

하지만 솔직히 말하면 저도 이런 자유분방한 생활에 지칠 때가 있죠. 지금은 아니어도 언젠가는 결혼을 해서 가정을 꾸리고 싶긴 합니다."

게리는 구속 없는 생활을 즐기는 한편, 수전과의 관계에서 그랬

듯 안정적인 관계를 꿈꾸기도 한다. 이것은 지독한 모순 같지만, 해리엇 필드 박사는 이를 그리 심각하게 볼 것은 아니라고 말한다.

"남자도 여자와 마찬가지로 정서적인 보살핌을 받고 싶어 합니다. 섹스도 무척 중요하지만 관심받길 원하고 안정된 관계를 유지하고 싶어 하죠. 이런 게 사라지면 남자는 한눈을 팔기 쉬워져요. 물론 나이를 먹으면서는 열정도 줄어들죠. 섹스를 비롯한 여러 측면에서요.

그래서 두 사람의 노력이 필요합니다. 경우에 따라서 외도라는 그릇된 자극을 추구하게 되니까요.

무엇보다 부부생활은 마라톤과 같고, 새로운 관계가 주지 못하는 '더 중요한 무엇'을 선사한다는 사실을 이해해야 합니다. 부부라면 아무리 바쁘더라도 가끔 일부러 시간을 내서 로맨틱한 데이트를 즐겨야죠. 그 정도의 노력도 하지 않은 채 로맨틱한 생활이 지속되길 바란다면 욕심 아닐까요?"

게리처럼 다양하고 복잡한 욕구가 내면에서 꿈틀대는 남자들은, 그 모든 것들을 이해하고 충족시켜줄 수 있는 '누군가'를 필요로 한다. 그 욕구를 비난받거나 억압당할 경우, 한 사람에게 머물기 힘들어지기 때문이다.

🪑 내 남자가 한눈을 판다면?

- 그가 있는 그대로의 모습을 솔직하게 드러낼 수 있도록 배려해라.
- 그가 어떠한 남자라고 단정 지어버리거나 그에게서 똑같은 행동을 계속 기대하지 마라.
- 판타지와 로맨스는 그를 살아 있게 만든다. 그에게 자극을 선사하거나 깜짝 놀랄 정도로 색다른 모습을 보여줘라.
- 모든 것을 받아주지 마라. 그가 당신의 존재를 당연하게 받아들이면 곤란하다.
- 당신의 존재에 대한 신비감을 지켜라. '밀고 당기기'가 필요하다.
- 그는 앞으로도 바람피울 가능성이 높다. 이런 남자의 곁에 있을 수 있을지 솔직하게 생각해봐라.

🪑 다른 여자를 만나고픈 남자들에게

- 새로운 여자를 만난다는 것은, 깊은 친밀감으로부터 영영 멀어지는 일이라는 걸 기억해라.
- 이성관계에 대한 당신의 가치관부터 정립해라. 한 여자에게서 '원하는 모든 것'을 얻을 수 없다고 여기는가? 정말 그렇다면 그 고정관념부터 바꿔라.
- 어린 시절 겪은 거절과 상실에 대한 두려움 때문에, 여러 여자를 원하는 것일 수도 있다. 혹은 어른이 되기를 거부하고 책임지지 않는 청소년기에 머무르고 싶어서일 수도 있다. 이것이 당신의 인생에서 어떤 의미를 갖는지 잘 생각해봐라.
- 여러 여자를 만나고 싶다는 생각이 들면, 현재의 그녀에게 반드시 솔직하게 알려야 한다. 거짓말은 타인과의 관계뿐 아니라 자기 자신마저 망치는 지름길이다.
- 만약 그녀가 그런 당신을 있는 그대로 받아준다면, 당신도 자신을 있는 그대로 받아들여야 한다. 스스로의 행동을 '판단'하기보다 '이해'하려고 노력해라.

2

사랑은 좋지만
책임지긴 싫다는 남자들

사랑은 그저 미친 짓이다.

- 윌리엄 셰익스피어william shakespeare

"여자들은 결국 결혼을 원합니다."

심리치료사 셀윈 밀스Selwyn Mills 박사의 말이다.

"여자들은 안정적이며 자신을 책임져줄 남자를 원합니다. 하지만 남자들은 여자들이 자신을 '안정을 보장하는 도구'로 본다고 생각하죠.

여자에게 이용당하고 싶은 남자는 없어요. 그런 생각이 드는 순간 남자는 떠나가게 되어 있습니다. 사랑받는 느낌과 이용당하는 느낌은 분명 다르거든요. 이런 상황을 피하려면 그에게 진정한 자유를 주어야 합니다."

여기서 '자유'란 남자들마다 각기 다른 의미를 갖는다. 남자들은 열렬히 사랑할 '그녀'를 찾아 헤매지만, 일단 그녀를 소유하고 나면 자신이 무언가에 갇혀버린 듯한 느낌을 받는다. 가능성이 완전히 차단됐다고 여기기 때문이다. 모든 남자의 내면에서 파닥거리는 '모험가'가 갈 곳이 사라져버린 것이다. 포로가 되어버린 이 느낌은 남자에겐 사형 선고나 마찬가지다.

남자도 때로는 눈물을 흘린다

여자들에게 인기가 많은 20대 후반의 마크에게 결혼하지 않는 이유를 물었다.

"여자들은 남자를 길들이려고 해요. 소유한 순간부터 마음대로 주무르려고 하죠. 하지만 난 절대 누군가 길들일 수 있는 타입이 아니거든요."

나이가 많건 적건, 결혼을 했건 안 했건, 남자들은 여자들의 손바닥 위에서 놀게 될까 봐 두려워한다. 어머니에게 굴복하는 착한 아들 같은 존재가 되면, 자신의 힘과 남성성을 잃게 된다고 생각하는 것이다.

또 다른 미혼 남성 알은 말한다.

"남자에게 자유는 생득권입니다. 여자 치마폭에 놀아나는 밥맛 없는 남자는 질색이죠. 웃긴 건 여자들도 그런 남자를 싫어한다는 거예요. 연애란 덜 사랑하는 사람이 이기는, 일종의 힘겨루기죠. 안타깝게도 상대를 더 필요로 하는 사람이 끌려갈 수밖에 없는 '게임'입니다."

여성에게 휘둘리거나 지배받지 않는 데서 자신의 존재감을 확인하는 남자들은, 대개 한 여자에게 오래 머무르지 못한다. 사랑하는 사이는 시간이 지날수록 서로를 필요로 하게 마련이다. 그런데 이런 남자들은 여성에게 의존한다는 느낌이 강해지면 도망치려 한다. 그러나 문제는, 스스로 아무리 강하다고 생각해도 도망칠 때마다 느끼는 외로움과 절망감은 커지기만 한다는 점이다.

밀스 박사는 남성의 심리에 대해 오랫동안 연구하고 분석해온 권위자다. 그는 자신의 실패(?)에 대해서도 허심탄회하게 털어놓는다.

"열아홉 살 때 아내와 사랑에 빠졌죠. 그땐 남녀관계가 아름답게만 보였어요. 결혼한 뒤 아이가 일찍 생겼고 안정적인 가정을 꾸리기 위해 온 힘을 쏟았죠. 제가 생각해도 참 가정적이었던 것 같아요.

아내와 전 속궁합이 잘 맞았지만 사실 그 이상은 아니었어요. 우린 네 명의 아이를 낳고 21년 동안 살았는데, 마지막 3년은 최악이었죠.

35세 때 감정적인 위기가 찾아왔어요. 아내는 현실적인 사람인데 저는 점점 정서적인 부분에 관심이 많아지면서 욕구들이 충돌했죠. 항상 강하던, 태산 같던 남편이 변하자 아내는 날 외면했어요. 연약한 내 모습을 보는 게 두려웠던 거겠죠. 여자들은 남자의 약한 모습을 받아들이지 못하는 것 같아요. 언제나 든든한 존재가 되어주기를 원하니까요. 남자들도 그걸 잘 알기 때문에 솔직해질 수 없고요.

그렇게 혼란스러운 시간을 보내고 나니 인생이 달라 보였어요. 뭐든 할 수 있다고 생각하게 됐죠. 하지만 아내에 대한 신뢰가 무너졌어요. 그렇다고 가정을 파탄내고 싶진 않았죠.

제가 혼자 보내는 시간이 많아지자 아내는 자길 사랑하느냐는 질문을 자주 했어요. 어느 날 결국 '아니. 더 이상 널 사랑하지 않아.'라고 말해버렸어요. 그때부터 아내는 저를 못살게 굴었고, 결국 전 그녀를 떠났죠."

그는 그녀가 요구하는 강인한 남성상을 보여주기 위해 스스로를 속이고 있다는 생각 때문에 괴로웠다. 그러나 이런 경우 남자들에게도 책임이 있다.

그녀가 정말 원하는 게 무엇인지 물어본 적 있는가? 스스로 갑옷을 입고 마초적인 이미지를 그녀에게 주입하진 않았는가? 그녀에게 발가벗은 자신의 내면을 보여줄 수 없다면, 혹시 그녀에 대한 '신뢰'가 부족한 것 아닌가?

이런 남성들은 대부분 어린 시절 권위적이고 비판적인 어머니 밑에서 자랐을 가능성이 크다. 그래서 여성에게 연약한 모습을 보여주면, 어린 아이가 되어버린 듯한 느낌을 받는 것이다.

또한 내면의 연약함에 대한 방어 혹은 보상행위로, 쿨한 척 이 여자 저 여자에게 옮겨 다니며 전혀 상처받지 않는 것처럼 행동하는 경우도 많다. 물론 그가 감정을 억누르기 위해 무던히 애쓴다는 사실을 여자들은 잘 알아채지 못한다.

융 학파 심리학자이자 분석학자인 로버트 존슨Robert Johnson 박사는 다음과 같이 말한다.

"우리는 삶에서 여성적인 가치를 하찮게 여기는 경우가 많죠. 이게 다 가부장적인 선입견 때문이에요. 힘, 생산, 특권, 성취 등 남성성을 추구하면 우리는 더 피폐해져요. 아름다워야 할 남녀관계에서도 서로를 지배하려 하죠. 배려하고 이해하기보다 어떻게든 우위를 정하려 하는 거예요. 한마디로 '로맨스 전쟁'이라고 할까요. 그러나 약한 것이 가장 강한 것이라는 노자의 말처럼, 인생에서는 평화, 안정, 순종이 중요합니다. 사랑은 말할 것도 없고요."

세일즈맨으로 일하는 20대 헨리의 말을 들어보자.

"여자들은 참 이상해요. 거절하는 걸 즐기는 것 같아요. 그래야만 자신이 더 우위에 있다고 느끼나 봐요. '섹스도 안 되고 데이트도 안 돼. 넌 내 스타일이 아니야.'라면서 말이죠.

제가 한 여자에 정착하지 못하는 이유가 그래서예요. 불한당 취급을 받기 전에 먼저 떠나는 겁니다."

헨리의 목소리에선 분노에 가까운 상처가 느껴졌다. 그래서 그는 늘 여자에게 이겨야 하고 늘 상대방을 통제하려 한다.

그녀를 떠나기 전에, 자신의 행동을 객관적으로 바라보자. 정말 그녀에게서 벗어나길 원하는가? 아니면 버림받거나 거절당할까 두려워서 택한 이별인가?

남자가 떠나려고 하면 대부분의 여자들은 동요한다. 그를 원망하거나 자기 자신을 탓한다. 그러나 그런 태도는 상황을 악화시킬 뿐이다. 떠나는 그에게 크게 반응하지 않는 것이 여성으로서는 최선의 행동이다.

그가 진정 나를 떠나고 싶어서 그런다고 확신하며 괴로워하기보다, 한 걸음 물러나 그에게 혼자 있을 공간을 주자. 비난하기보다는 이해한다고 말해주자. 이렇게 조건 없는 이해심을 보여주는 것만으로도, 그는 당신을 달리 보기 시작할 것이다. 그러면 그가 당신을 진짜 '내 편'으로 받아들이고 당신 옆에 머무를 가능성이 높다.

그런데도 그가 떠난다면, 당신이 사랑받을 자격이 없어서 혹은 당신을 사랑하지 않아서가 아님을 깨달아야 한다. 그는 겁이 나서 달아나는 것이다.

남자가 꿈꾸는 단 하나의 가치, 자유

대부분의 남자들은 자기 안의 감정을 선뜻 직접 표현하지 못한다. 또한 머릿속 환상을 실행에 옮기기도 힘들다.

그러나 밀스 박사는 달랐다. 그는 두 번째 이혼 후 '자유'와 '진지한 관계'라는 두 마리 토끼를 잡기 위해 노력했다.

"두 번째 결혼은 짧게 끝났어요. 두 번째 아내는 만난 지 얼마 되지 않아서부터 저를 구속하려 했죠. 어딜 가든 함께여야 하고, 본인의 취미와 관심사가 다양한데도 제가 하는 것만 따라 하려고 했어요. 집착이 심해질수록 정말 숨 막혀 죽을 것 같았어요. 자기 생각이라고는 전혀 없는 사람 같았으니까요. 하루빨리 헤어지고 싶은 생각뿐이었죠. 하지만 그녀는 이혼을 거부했고, 저는 어떻게 해서든 그녀에게서 벗어나고 싶었어요.

결국 우린 별거를 시작했고, 주말에만 만났습니다. 평일에는 자유로운 생활을 하며 다른 여자들도 만났어요. 그게 위안이 돼주었죠. 내가 누군가의 부속품이라거나 누군가를 소유해야만 한다는 강박에서 벗어날 수 있었어요.

저는 '다양성'을 원했어요. 감정을 숨기고 거짓으로 행동하는 건 제 스타일이 아니에요. 스스로에게 솔직하고 싶었어요. 죄책감을 느끼긴 싫거든요. 다시는 책임과 죄책감으로 얼룩진 관계로 돌아가고 싶지 않아요."

어느 한쪽이 불만족을 숨기려 하는 순간, 거짓과 기만이 관계의 뿌리를 흔들기 시작한다. 어떤 남성들은 아내와 함께 있으면서 다른 여성을 상상하는 '판타지'에 의존하려 한다. 혹은 상대방 몰래 다른 여자를 만나거나 짧은 외도로 눈을 돌린다. 그러면서 죄책감을 덜고 스스로의 행동을 합리화하기 위해 상대방의 결점을 들춰낸다. 이것은 자신에게 솔직하지 못한 행동이다. 대부분의 남자가 달아나려고 하는 대상은 '그녀'가 아닌 '책임'과 '죄책감'이다.

"힘든데 억지로 견뎌야 할 이유가 있을까요? 세상의 절반이 여자잖아요. 나한테 이래라 저래라 하는 순간, 그녀와는 굿바이에요."

이런 유형의 남자들은 타인이 정한 법칙을 그대로 지켜야 하는 것을 극도로 꺼린다.

미혼의 엔지니어 톰이 말한다.

"저는 제가 원하는 대로 하고, 상대방도 원하는 대로 하는 담백한 관계를 원해요. 그러나 남녀관계란 어느새 일반적인 사랑의 법칙이 끼어들게 마련이죠. 전화하기로 한 시간에 30분만 늦어도 밤새 잔소리를 해대는 거예요. 책임감으로 묶여버린 관계는 싫어요. 그런 관계는 오래 갈 수 없거든요."

별다른 노력 없이 원하는 것을 얻는 즉각적인 만족에 익숙한 남자들은 타인의 욕구를 좀처럼 고려하지 못한다. 마치 어린아이처럼, 다른 누군가를 돌보는 것보다 받는 데만 익숙해져 있는 것이다. 그들은 그러한 행동에서 자유를 느낀다. 톰이 소년처럼 천진

난만한 미소를 지으며 말을 이었다.

"제가 무책임한 뺑소니범처럼 보이나요? 저도 알아요. 저 같은 남자는 오래 만날 만한 사람은 아니죠. 하지만 함께하는 동안에는 누구보다 그녀를 즐겁게 해줄 자신이 있어요."

한편, '책임을 피하고 싶은 욕구' 이외에 '전혀 새로운 관계에의 욕구' 때문에 책임지길 거부하고 현실에서 도망치는 남자들도 있다.

밀스 박사의 말이 이어진다.

"제가 개방적이고 여유로워 보이기 때문인지 수많은 여자들이 접근해왔어요. 여러 여자들과 섹스를 했지만, 서로를 소유하려 하진 않았죠. 전 언제나 미리 경고했어요. 난 사랑을 하고 싶을 뿐, 우리의 관계는 진전되지 않을 수도 있다고. 미래에 대한 얘기는 전혀 하지 않았죠.

물론 하룻밤의 사랑으로 끝난 여자들도 있어요. 그렇지만 적어도 '원나잇 스탠드'는 아니었다고 자신할 수 있습니다. 그건 상대방의 욕망을 이용하는 사기 행위예요. 전 상대에게 호감이 있었고 그녀를 알고 싶었죠. 그쪽도 마찬가지였고요."

남자들은 하루나 이틀이라도 전적으로 상대방과의 감정을 공유하는 것이 가능하다.

"사랑에는 여러 종류가 있죠. 제가 생각하는 사랑은, 상대에게 마음을 열고 솔직하게 감정을 공유하는 것이에요. 시간이 지날수록 그 감정이 커져야 할 필요는 없죠. 전 단순히 일상의 모든 순간을 함께 경험할 수 있는 사람을 원해요. 날 옭아맬 여자 말고요."

그는 스스로를 솔직하게 드러내는 여자들에게 가장 큰 매력을 느낀다고 말한다. 자신도 덩달아 솔직해질 수 있기 때문이다.

이처럼 남자들은 일시적인 관계일수록 부담 없이 감정을 공유하는 경향이 있다. 뒷일을 두려워하지 않아도 되고, 가족이나 동료들로 이루어진 사회적 테두리 안에 속할 필요도 없기 때문이다. 즉 평소의 자신과는 다른 모습을 마음껏 표현할 수 있는 '안전지대'인 셈이다.

상대 여자들도 그러한 관계를 원했는지 묻자, 그는 고개를 저으며 대부분의 여자들이 관계가 진전되길 원했다고 말한다.

"거의 모든 여자들이 제 말을 안 믿어요. 제대로 귀를 기울이지 않는 거죠. 자신들이 날 변화시킬 수 있다고 믿는 거예요. 자기를 너무 사랑해서 떠나지 못하도록 만들겠다는 거겠죠.

저는 미지근한 사랑보다 '자유'를 갈구합니다. 평소의 저와 다른 모습을 계속 탐구할 수 있으니까요. 물론 언젠가 제 욕구를 100% 채워줄 여자를 찾는다면, 굳이 떠날 필요는 없겠지만요.

올 여름에 에일린이라는 아름다운 여자를 만났어요. 육체적인 관계까지 가기 1~2주 전쯤에 그녀에게 직접적으로 말했어요. '난 한 여자에 정착하는 성격이 아니며 앞으로도 그럴 생각이 없다. 그런 나와의 관계를 감당할 수 있겠냐.'고 말이죠. 그녀는 당황한

듯 잠시 생각하더니, 이런 경우는 처음이지만 괜찮을 것 같다고 대답하더군요.

여름 내내 즐거운 시간을 보내고 가을이 되었죠. 우리 집에서 저녁을 먹는데 만나는 여자가 또 있다고 솔직하게 고백했더니, 그녀는 불같이 화를 냈어요. 벌떡 일어나 접시를 바닥에 던지더니 '이 배신자!' 하고 소리를 지르는 거예요.

저야말로 놀랐습니다. 처음부터 합의한 게 아니냐고 물었더니 그 뒤로는 생각해본 적이 없다며, 우리 사이가 좋은데 다른 여자를 왜 만나냐고 따지더군요. 제가 한 말 중에서 자기가 듣고 싶은 것만 들은 거죠.

그녀는 제게 많은 것을 줬지만 모든 것을 채워주진 않았어요. 그녀 때문에 다른 모든 여자들과의 관계를 다 끊을 만큼 사랑한 것은 아니었죠. 전 이미 지난 두 번의 결혼생활을 그렇게 보냈어요. 결혼했기 때문에 제 감정을 다스리며 참았죠.

하지만 지금은 아니에요. 누구에게도 빚진 기분이 없죠. 내가 원하니까 주는 거고, 두 명의 성인이 함께 관계를 맺는 겁니다. 사랑한다면 둘 다 만족을 느껴야 하지 않을까요?"

밀스 박사는 친밀감과 사랑을 피하기 위해서가 아니라, 더 많은 여자들과 친밀감을 쌓고 다양한 욕구를 채우기 위해 자유를 추구하는 경우다.

많은 남자들이 실연의 상처를 겪은 후, 감정적으로뿐 아니라 경제적으로도 이용당하는 기분을 느낀다. 그래서 다시는 사랑을 하지 않겠다고 다짐하고, 복수심으로 여자를 만나기도 한다. 자신만을 위한 이기적인 관계를 이어나가는 것이다. 불행하게도 이러한 과정은 오랫동안 반복될 수 있다.

자신이 만나는 남자가 이런 모습을 보인다면, 당신이 예전의 그녀와는 다른 사람이라는 사실을 그가 깨닫고 분노를 떨쳐버릴 수 있을 때까지 인내심을 갖고 기다려야 한다.

밀스 박사는 다른 여자들을 과거의 아내들로 생각하지 않으며 그들에게 분노를 느끼지도 않는다고 말한다. 얼마든지 새로운 상대를 만나 사랑하고 싶지만, 또 다시 자유를 포기할 마음은 전혀 없다고 단언한다. 사랑을 하면서 의무감이나 죄책감, 빚진 기분을 느끼고 싶지는 않은 것이다.

밀스 박사의 행동은 가치관이나 문화, 사회적 판단, 심리학적인 관점에 따라 다양하게 해석할 수 있다. 자유에 대한 그의 욕망을 심리학적인 측면에서 살펴보자.

프로이트 학파라면, 그가 오이디푸스콤플렉스Oedipus complex(아들이 아버지를 증오하며 어머니를 독차지하고 싶어 하는 무의식적인 애착의 감정−옮긴이) 때문에 불안한 마음을 피하기 위해 한꺼번에 여러 여자들을 만났다고 해석할 것이다. 첫사랑의 대상인 어머니를 소유하지 못했다는 사실에 좌절해, 한 여자에게 만족할 수 없고 어떤 여자도 어머니의 자리를 대신할 수 없다고 여기는 것이다.

한편 게슈탈트 치료 요법을 실시하는 심리치료사들은 전혀 다른 분석을 내놓는다. 남자의 내면에는 모험가와 로맨티스트가 동시에 존재하는데, 그 둘 모두를 억누르지 않고 동시에 겉으로 드러낸다는 것이다. 이러한 남자들은 여성과 솔직하게 의사소통을 하며, 미래를 약속하거나 환상적인 기대감을 심어주지는 않지만 순간순간에 충실한 특성을 가진다.

융 학파인 로버트 존슨 박사에 따르면, 모든 남녀의 내면에는 전형적인 여성성과 남성성이 존재한다고 한다. 이 관점으로 보면 자신의 약하고 예민한 내면을 기꺼이 인정하는 남성일수록, 상대 여성에게서 안정감을 느끼는 경향이 있다.

일반적으로 남자는 자신의 내면에 존재하는 여성적인 모습과 비슷한 여자에게 끌린다. 밀스 박사가 계속해서 많은 여자들을 만나는 이유는, 자신의 여성적인 부분을 여러 측면에서 탐구해보고 싶은 욕구일지도 모른다. 만약 그렇다면 자신의 모든 측면에 상응하는 여자를 찾아야만 그의 방황이 끝날 것이다.

로버트 존슨 박사는 이러한 딜레마에 대해 다음과 같이 말한다. "모든 사람의 내면에는 심각하게 갈라진 틈이 존재합니다. 평범한 사람과 안정된 관계를 맺길 원하면서도, 다른 한편으로는 자신의 삶을 황홀경으로 채워줄 수 있는 상대를 무의식적으로 원하고 있는 겁니다."

한 여자에 정착하지 못하는 남자들은, 너무 큰 것을 바라고 있는지도 모른다. '갈등이 생기지 않을 만한 여자'를 만날 수 있다고 믿는 것이다. 문제에 정면으로 맞서고 두려움을 이겨내면, 한층 성장한 자신의 모습을 마주할 텐데 말이다. 그렇게만 된다면 의외로 많은 여자들 사이에서 헤매고 다닐 필요가 없다는 걸 곧 깨닫게 될 것이다. 바로 눈앞에 있는 그녀가, 그토록 찾아 헤매던 이상형일지도 모르니 말이다.

🪑 책임을 회피하는 남자를 만나고 있다면?

- 그의 말에 진정으로 귀를 기울여라. 그가 하는 말은 장난이 아니다.
- 당신의 사랑으로 그를 변화시키거나 당신을 더욱 사랑하게 만들 수 있다고 과신하지 마라. 지금 그의 마음이 최대치다. 당신하고만 또는 당신과 영원히 함께하고 싶지 않을 뿐이다.
- 그가 느낄 압박과 죄책감, 의무감을 최소화하라. 당신이 바쁘게 지내고 그와 독립된 생활을 유지할수록 관계가 지속될 가능성이 크다.

🪑 책임을 지고 싶어 하지 않는 남자에게

- 그녀와의 관계에서 어떠한 모습으로 남고 싶은지 생각해보자.
- 숨이 막히고 달아나고 싶어지는 이유를 찾아라. 당신이 진정으로 도망치고 싶어 하는 대상은 정확히 누구, 또는 무엇인가?
- 자신의 감정을 자유롭게 표현할 수 있도록 힘써라. 솔직하게 '노'라고 말해라. 그러면 '예스'라고도 말할 수 있게 된다.
- 반드시 이해심 많은 여자를 만나라. 책임을 두려워하는 여자는 곤란하다.
- 책임을 진다는 것은 시간을 필요로 하는 유기적인 과정이다. 따라서 억지로 떠맡길 수는 없다. 상대방과 나 자신에게 정직해지면 저절로 책임감이 생겨나곤 한다.

3

여전히 '환상'을 꿈꾸는
남자들

> 남자들은 허황된 로맨스를 꿈꾼다.
> 같은 인간에게 만족하지 못하고
> 여신 혹은 미의 화신을 되살려내려 한다.
> – 로버트 존슨Robert Johnson

어떤 남자들은 애인이 바로 옆에 멀쩡히 있는데도 환상을 통해 더 큰 만족을 얻는다. 환상의 그림자에 가려져 현실을 직시하지 못하며, 실재 인물을 환상 속의 존재로 둔갑시키는 남자들도 있다. 고이 모셔둔 환상이 무너질까 두려워 정작 현실의 그녀에 대해 알려고 하지 않으며 가까워지지도 않으려고 한다.

어쩌면 환상과 사랑에 빠지는 것이 현실의 누군가를 사랑하는 것보다 훨씬 쉬울지도 모른다. 환상 속 존재와는 다툴 일도, 갈등에 부딪힐 일도 없기 때문이다. 환상을 추구하는 남자들에게 여자라는 존재는 영원한 이방인일 뿐이다.

가질 수 없기에 아름다운 환상의 여인

"애인 없이 무슨 재미로 삽니까?"

조각 같은 외모와 치명적인 매력을 가진 45세 남성 지미가 말한다. 사랑하는 세 아이를 둔 아버지이지만, 지금까지 단 한 번도 애인이 없었던 적이 없다.

"여자랑 헤어질 때 꼭 다음 타자가 몇 명씩 대기하고 있죠. 연애는 제 삶의 유일한 낙입니다. 이게 나쁜 건가요?"

지미는 절대로 한 여자와 오래 사귀는 법이 없다. 그가 생각하는 이상적인 남녀관계란 이렇다.

"여자는 여왕벌이에요. 남자라는 일벌이 자기를 위해 뭐든 다 해줄 거라고 믿죠. 세상이 자기 중심으로 돌아간다고 생각해요. 그러면 남자는 반문해요. '왜 남자 중심으로 돌아가면 안 되지?' 남녀의 역할이 충돌하는 거예요.

남녀관계에서 둘 다 좋을 순 없어요. 여자는 정착하길 원하지만 남자들은 구속받기를 싫어하죠. 하지만 우리 남자들도 헤어지면서 죄책감을 느껴요. 믿거나 말거나지만, 남자에게도 이별이 쉽진 않거든요. 나쁜 놈 취급을 받고 싶진 않은 거죠."

지미는 여자들과의 관계에서 매번 같은 문제가 되풀이된다고 느꼈다. 여자는 남자가 자신의 노예가 되길 바라며, 남자도 여자를 구속한다. 그로선 절대 용납할 수 없는 상황이다. 그런 분위기가 감지되면 지미는 곧바로 그녀와의 관계를 끝내버린다. 남자들이 이런 행동을 하는 진짜 이유는 따로 있다. 스스로 의존적이고 여자보다 부족하다고 느끼기 때문이다. 지미 역시 자신도 모르게 상대 여자보다 훨씬 못한 존재라고 생각하고 있었다.

"아무리 못난 남자라도, 자기가 주도한다고 느끼게끔 해주는 여자를 원하죠. 여자가 주도권을 잡는 걸 못 견뎌 하는 한편, 속으로는 머리를 쓰다듬어주면서 유치원 선생님처럼 어떻게 하라고 알려주기를 원합니다. 지독히 모순적이지만 그게 남자의 본성입니다."

뉴욕에 있는 정신건강대학원 센터에서 애널리스트로 활동하는 로버트 제이 버크Robert Jay Berk 박사는 이렇게 말한다.

"대부분의 남자들은 여성에게 의존하는 것을 용납하지 못합니다. 나약한 모습을 보이고 싶지 않은 거죠. 그래서 그런 느낌이 드는 순간 뒤로 물러나려고 합니다. 여성의 존재 가치를 실제보다 깎아내리기도 하고요."

지미 역시 자신의 의존적인 모습을 인정할 수 없어, 일부러 많은 여자를 만나면서 남자다움을 과시한다. 그래야만 남자로서의 자존심에 타격을 입지 않을 수 있으니까.

"남자는 강한 여자를 좋아해요. 하지만 드러내놓고 강하면 안 돼요. '내가 그녀를 보호해준다.'는 느낌이 들어야 하니까요. 절대 헤어지고 싶지 않을 정도로 사랑하는 여자라면 어떻게 하냐고요? 사랑에는 확신이 있어야죠. 둘 사이의 감정 자체에 대한 확신도 중요하지만 '그녀가 절대 떠나지 않을 거라는 확신'이 먼저예요. 그런데 되려 자기가 그 확신을 주지 못할까 두려운 거죠. 그녀와 동등해질 수 없으니까요. 진짜 괜찮은 여자는 남자가 감당하기 쉽지 않아요."

이 대목은 지미의 자존감이 얼마나 낮은지 분명하고도 뼈아프게 보여준다. 그는 자신의 다재다능한 모습 그대로를 소중히 여기지 못하고, 지나치게 이상화한 여성의 모습에 자신의 장점과 재능을 투영하려 한다. 이런 태도는 자신은 물론 상대에게도 도움이 되지 못한다.

흥미롭게도 많은 남성들이 이런 모순을 안고 살아간다. 그들은 남성성과 자아정체성이라는 단단한 갑옷으로 무장하고 있다. 진정한 힘이라기보다 비뚤어진 보상 심리가 만들어낸 현상이다.

제럴드 엡스타인 박사는 남녀의 차이를 다음과 같이 언급한다.

"원래 여성은 남성보다 심오하고 복잡하며 강인하고 훨씬 더 발달한 존재입니다. 이미 남녀관계에서 여성이 상위를 차지하고 있지요. 그러나 여성은 남성지배적인 사회에서 그 사실을 모른 채 성장합니다. 여러 측면에서 남성보다 부족하다고 느끼므로 남성의 뜻에 따르고 사랑받음으로써 의존하려는 거죠. 이처럼 사랑받고자 하는 욕구는 여성에게 커다란 오류로 작용하기 쉬우며 남녀관계에서 문제를 일으키곤 합니다."

지미는 또 이렇게 말한다.

"사귄 지 얼마 지나지 않아서 이 관계가 오래 가지 않겠다는 생각이 들면서 다른 여자가 나타났으면 하고 생각해요. 이게 아니라는 생각이 드는 거죠. 그녀와 자고 난 후에는 어쨌든 침대에서 일어나 다시 일상으로 돌아가야 하니까요."

지미에게 일상이란 갈등과 지루함으로 가득한 공간이다. 그에게 여자란 평범한 일상에서 벗어나 신비로운 영역으로 들어가게 해주는 하나의 수단일 뿐이다. 그는 여자들과의 짧은 만남이, 자신을 새롭게 만드는 일탈이라고 여긴다. 하지만 그녀들과의 만남은 현실이 비집고 들어오는 순간 끝이 나버리기 때문에 언제나 짧게 끝을 맺는다.

지미는 스스로를 평범한 존재로 여기고 있으며, 동경하는 여자에게 가치 있는 존재가 되어줄 수 없다는 왜곡된 인식을 갖고 있다. 지미는 박력 있고 매력적인 남자인데, 자기가 그것을 깨닫지 못하고 있을 뿐이다.

로버트 존슨 박사는 이러한 현상에 대해 다음과 같이 설명한다.

"남성은 여성에 대한 마법 같은 환상이 깨지면 그녀가 평범한 인간이라는 사실에 실망합니다. 하지만 그가 진정한 마음의 눈을 뜬다면, 마법이 풀리는 순간이야말로 그녀의 진정한 모습을 발견할 기회라는 사실을 깨달을 겁니다. 또 그녀에게 대신 투영하고자 했던 것이 실제로는 자신도 몰랐던 자신의 모습이라는 것도 알게 될 겁니다."

지미는 꿈속의 이상형을 만났던 이야기를 꺼냈다.

"로드아일랜드에 있는 댄스 클럽이었죠. 우연히 금발머리 미인과 부딪쳤는데, 서로 눈이 마주친 순간 전기가 통했죠. 우린 함께 춤을 추기 시작했어요. 마치 마법에 걸린 기분이었어요. 우린 얼굴을 마주대고 쉴 새 없이 웃었습니다. 정말 최고의 여자였죠. 우린 헤어지고 싶지 않았고, 한밤중에 해변을 거닐면서 달을 보며 대화를 나눴어요. 완벽한 시간이었죠.

하지만 두렵기도 했어요. 그녀는 이미 결혼한 상태였거든요. 돈때문에 결혼했고, 그 생활에 그럭저럭 만족하며 살고 있었죠. 우린 서로 소울메이트라는 걸 느꼈지만, 다음 만남을 기약하지는 않았죠. 그저 하룻밤을 보낸 뒤 헤어졌어요."

지미는 평범한 현실에서 그런 이상형의 여자를 만날 수 있다는 것만으로도 겁이 났다. 그녀가 자신에게 과분한 존재이며, 자신이 그녀에게 충분한 사랑을 줄 수 없다는 생각 때문이었다.

지미는 그녀를 지나치게 이상화해버렸다. 만약 그녀가 그의 '평범한 일상'에 속해버린다면 두 사람 모두 특별해지거나 완벽해질 수가 없기 때문이다. 지미는 완벽한 로맨스를 원했고, 그러기 위해선 그녀를 꿈으로 남겨둬야 했다.

"2주 후 그 클럽에 다시 갔더니 그녀가 있더군요. 왠지 그럴 것 같았어요. 처음과 똑같은 일이 벌어졌어요. 함께 춤을 추고, 해변을 걷고, 꿈같은 밤을 보냈죠. 하지만 다음날 다시는 만나지 말자고 했어요. 우리가 나눈 이 특별하고 놀라운 감정이 일상의 평범함에 물들기를 원하지 않았으니까요. 그녀의 표정, 살결, 사랑을 나눴을 때의 느낌을 전 아마 영원히 기억할 겁니다. 이틀간의 완벽하고도 놀라운 환상. 살면서 또 이런 일이 가능할까요?"

지미의 경우, 진정한 행복과 확신에 찬 유대감은 환상 속에서만 가능하다고 믿는다. 그는 그녀와 보낸 이틀 밤을 마법처럼 그대로 간직하기로 했으며, 무슨 일이 있어도 그 마법이 깨지길 원하지 않는다. 그게 바로 그가 간절히 원하는 바다.

"늘 이런 환상을 찾아 헤맸어요. 그런데 막상 경험하고 나니 짜릿한 기대감이 사라져버렸네요. 이미 절정을 경험해버린 거죠. 그날 밤보다 멋진 추억은 다신 없을 거예요. 앞으로의 인생에서 아무리 힘들어도 그 기억만 있으면 버틸 수 있어요. 평생 그 추억만을 떠올리며 살겠죠."

지미가 이렇게 환상적인 사랑만을 갈구하는 이유는, 달리 보면 그의 일상이 갈등으로 가득하기 때문일 가능성이 크다. 그에게 환상은, 사랑받고 싶고 자신의 존재 가치를 느끼고 싶을 때 언제든 돌아갈 수 있는 피난처다. 또한 평범한 일상을 초월해 완벽함을 경험하게 해주는 매개체이기도 하다. 그는 아마 외로울 때마다 그날의 기억을 떠올릴 것이다.

환상의 사랑은 훼손되지 않는다. 흔들리지도 않고 빼앗길 염려도 없다. 환상 속에선 무엇이든 손에 넣을 수 있으며, 성숙해질 필요도 없고 역경에 맞설 필요도 없으며 다른 존재와 마주할 필요도 없다.

그러나 환상에 대한 집착은 현실에서 진짜 사랑을 찾는 일을 방해한다. 평범한 일상에서 그를 지탱해줄 사랑 말이다.

과연 환상 속 그녀와 견줄 만한 여자가 있을까? 환상의 사랑은 그를 혼자만의 세계에 고립시키고 현실의 관계를 어렵게 만든다.

해리엇 필드 박사는 대인관계 분석학자로서 약간 다른 관점에서 지미를 바라본다.

"그런 남성이라면 아마 자라면서 어머니나 아버지에게 대단히 크게 실망한 경험이 있을 겁니다. 우리는 종종 어머니를 닮은 여자와 결혼을 하고 아버지 같은 남자를 결혼 상대로 선택합니다. 뭔가 새로운 것을 기대하며 관계를 시작하고 설렘에 들뜨죠.

하지만 시간이 지날수록 단점이 보이고, 상대에게 실망하고, 결국 관계 자체를 포기하게 됩니다. 자신에게 문제가 있다는 사실은 이해하지 못하고 오직 상대방이 자신의 욕구를 충족해주지 못한다는 생각만 하죠.

환상을 깨는 일은 매우 어렵습니다. 자신의 부족한 점을 알고 싶지 않은 게 사람인데, 환상은 바로 그 부족한 부분을 채워주거든요. 어린 시절에 느낀 실망감 때문에 누군가 나타나 자신의 욕구를 충족해주기를 바랍니다. 현실을 직시하게 하려면 비판을 하거나 탓하지 말고, 실제 본인이 어떤 이득을 얻을 수 있는지를 알려줘야 합니다."

지미의 경우 '환상'은 긍정적이고 위력적이다. 그는 매우 낭만적인 남자이며, 일상이 아닌 자기 자신 속에 파묻혀 산다. 이런 남자들의 장점은 창의성이 풍부하고 인생의 다양한 부분에 민감하다는 것이다. 그러나 심리학적인 관점에서 말하자면, 그는 '상대방'을 사랑하기보다 '사랑 자체'를 사랑한다고 볼 수 있다.

로버트 존슨 박사는 다음과 같이 말한다.

"로맨스에는 무언가 불가사의한 면이 있습니다. 사랑에 빠지면 갑자기 자신의 부족한 부분이 채워지고 스스로 완전한 존재가 된 것처럼 느껴지죠. 사소하고 단편적이었던 삶이 특별하고 의미 있게 바뀌는 것입니다."

과거 위대한 시인들도 마찬가지였다. 그들은 여자를 단순한 여자로 보지 않고 고결한 영혼, 영원한 여성성, 신성한 사랑의 상징쯤으로 간주했다. 여성 자체를 남자들의 자아를 넓혀주는 하나의 '방법'으로 인식했던 셈이다.

자신감을 불어넣어줄 판타지의 힘

또 다른 모습의 환상도 있다. 40세의 루이스는 대체건강관리 전문가로, 큰 키에 잘생긴 얼굴을 가진 남자다. 그는 오래 전부터 스스로를 '여자에게 헌신하는 연인'의 모습으로 설정해놓고, 그 환상을 실제 연애에 잘 활용해왔다. 몇 년간 수많은 여자들을 만났지만, 최근 만난 한 여인과 난생 처음 결혼을 약속했다.

"젊고 예쁜 모델과 팔짱을 끼고 거리를 활보하면 모든 사람들이 날 쳐다봐요. 기분이 끝내주죠. 그럴 때면 어린 시절이 떠올라요. 서투르고 외롭고 자신감 없던 시절이요."

루이스는 멋진 여자와 함께 다니면서 세상의 중심에 선 듯한 자신감을 느꼈다. 또한 자신이 그런 여자를 만족시켜줄 수 있다고 생각하니 더욱 기분이 좋았다. 항상 자신에게 윽박만 지르는 어머니 밑에서 자란 그는, 늘 여성에게 인정받기를 갈망했다.

"난 여자들에게 잘해줍니다. 먼저 헤어지자고 하지 않아요. 사실 그럴 필요가 없죠. 그녀들이 원하는 걸 해주지 않으면 십중팔구 여자들이 먼저 헤어지자고 하거든요. 하지만 솔직하지 않은 적은 한 번도 없었어요."

루이스는 자신의 용기를 증명해주고 자신감을 심어줄 수 있는 환상의 여인을 갈구하고 있다.

"몇 년 동안 사랑했던 여자가 있었는데, 두어 번 잠자리를 가졌죠. 그녀는 스물여섯의 양성애자인데, 치명적인 매력을 가졌어요. 얼마 전 5년 만에 다시 만났고, 전 이렇게 말했죠. '넌 지금은 나와 사귈 맘이 별로 없겠지. 하지만 네가 서른 살이 되면 너에게 진

짜 필요한 남자가 나란 걸 알게 될 거야. 지금 넌 그 사실을 깨닫기엔 너무 어려.'

농담 반 진담 반이었는데 다음날 아침 그녀에게 전화가 왔어요. '당신을 놓치고 싶지 않아요. 하지만 난 당신 하나만 사랑할 자신은 없어요.'라기에, 전 상관없다고 말했습니다."

루이스는 젊고 매력적인 그녀를 소유할 수 있다는 생각만으로 기뻤고 다른 것은 개의치 않았다. 그녀가 현재 어떤 사람인지, 과거에는 어땠는지, 지금 어떻게 살아가고 있는지 등등 그녀는 환상의 연인이라는 역할을 연기하게 된 셈이다.

"그녀에겐 나 말고도 두 명 정도의 애인이 더 있었지만 난 괜찮았어요. 그만큼 그녀에게 끌렸으니까 다른 건 바라지 않았어요. 그런데 얼마 지나지 않아 그녀가 그냥 아는 사이로 돌아가자고 하더라고요. 황당했어요."

환상의 연인 관계는 둘 중 누군가의 요구가 커지고, 한 사람이 자신의 즐거움을 포기하고 다른 한 사람에게 맞추기 시작하는 순간 끝나버리는 경우가 많다.

"사실 그녀는 내 애인이라고 할 수도 없었어요. 애인이라면 제 곁에 있어줘야 하잖아요. 하지만 그녀와는 별다른 대화도 없이 화끈한 섹스를 할 뿐이었죠. 친밀감이라고는 느껴보지 못했어요."

루이스는 친밀감과 섹스의 중요한 차이점을 알아가고 있다. 환상의 연인과는 대부분 열정적으로 사랑을 나누지만, 친밀감은 일시적이거나 전혀 없는 경우가 많다. 루이스의 이러한 행동은 학창 시절에서 그 근원을 찾을 수 있다.

"고등학교 때는 여자들과 잘 어울리는 타입이 아니었죠. 어느 날 침대에 누워 있는데 문득 '이대로 어른이 되면 몹시 끔찍할 것 같다.'는 생각이 들었어요. 그래서 원하는 내 모습을 상상하면서 미래에 메시지를 보냈죠. 반대로 지금은 멋진 여자와 침대에 누워서 어린 시절의 나에게 메시지를 보냅니다. 열일곱 살의 '루이'에게 말이죠. '봐라, 넌 엄청 잘나가고 있다!'고 말이에요."

현재 그가 만나는 젊은 여성들은, 어린 시절의 욕망과 환상을 채워준다. 성적인 매력과 인기를 갈구하고, 멋진 여자를 소유하고 싶어 하던 어린 시절 말이다. 그는 성인이 된 지금도 그때의 자신과 접촉하면서 계속해서 그 시절의 '루이'가 원하는 여자들과 경험을 선사한다.

심리학에서는 이러한 현상을 '발육 정지(arrested development)'라고 부른다. 트라우마가 된 사건이 일어난 과거로 돌아가 해결하려고 하는 방식이다.

지금 루이스의 행동은 괴로웠던 고등학교 시절에서 큰 영향을 받은 것이다. 그는 여자를 선택할 때 열일곱 남학생처럼, 언제나 육체적인 아름다움에 이끌렸다.

"난 여자가 좋아요. 여자들의 몸을 머리부터 발끝까지 사랑하죠. 되도록 많은 여자들을 만날 거예요."

에리히 프롬Erich Fromm은 이렇게 말했다.

"남성성이 강한 남자가 정서적으로 약했던 어린 시절에 머물러 있는 경우, 섹스로 보상받으려는 심리가 생긴다. 결과적으로 스스로의 남성성에 자신이 없어 용맹함을 증명해 보여야 하는 돈 주앙 같은 캐릭터가 되는 것이다."

루이스는 여자들에게 좋은 남자가 되어주려고 노력하지만, 둘의 '관계'에 대해 대화하는 것을 무척 어렵게 생각한다. 솔직하게 감정을 털어놓으면 배려심 없는 남자가 되기 십상이고, 솔직하지 못하면 나쁜 놈이라는 말을 듣기 때문이다. 그래서 여자들을 성가시고 까다로운 존재로 여긴다.

그의 성적 행동과 그녀를 만족시켜주고픈 욕망, 그 이면에는 상처와 함께 여자에 대한 이해심 부족이 자리하고 있다. 늘 그녀에게 최선을 다하지만 불평이 돌아올 때가 많기 때문이다.

"언젠가 친구네 집에 놀러갔다가 그 친구의 룸메이트를 우연히 만나게 됐죠. 전혀 매력적인 외모는 아니었지만 해변에서 그녀를 껴안고 키스를 나눴어요. 우린 다시 방으로 들어가 자연스럽게 관계를 맺었죠. 그 이후로 그녀가 원할 때마다 만났습니다.

8개월 동안 뜨거운 관계를 가졌지만, 밖에서 같이 돌아다니진 않았어요. 사실 그녀가 별로 예쁘지 않았거든요. 그녀에게 날 어떻게 생각하는지 물었더니 날 사랑하는 건 아니라고 하더군요. 저도 그랬죠. 하지만 우린 육체적으로 아주 잘 맞았어요."

루이스의 말이 이어졌다.

"그녀의 생일날 근사한 저녁을 사주기로 약속했죠. 그런데 어린 조카가 갑자기 놀러온 거예요. 게다가 세인트 존 대학교에서 농구 코치로 일하는 친구가 전국 결승전 티켓을 건네며 조카와 나를 초대했어요.

그녀에게 전화를 걸어 생일 축하한다고 말한 뒤, 밤에 조카랑 셋이 만나거나 다음날 밖에서 만나자고 했죠. 그런데 그녀가 갑자기 불같이 화를 내는 거예요. 나 때문에 생일 기분을 다 망쳤다는 투였어요. 정말 황당했죠. 이 여자를 계속 만나야 하나 싶었어요. 다음날 만나면 왜 안 되나요? 내가 평소에 얼마나 잘해주는데. 대체 나한테 뭘 원하는 거죠?"

그는 여자에게 착하고 다정하며 사려 깊은 남자로 보이길 원한다. 그래서 과거 자신의 어머니처럼 여자들이 화를 내면 그 이유를 좀처럼 이해하지 못한다. 상대를 화나게 만드는 것이 바로 자신의 배려심 없는 행동 때문이라는 사실을 모르는 것이다.

"그녀는 친구들과 생일을 보냈죠. 농구 경기가 끝난 뒤 파티에 갔더니 모두들 날 혐오스러운 눈빛으로 쳐다보더군요. 그녀도 물론 쌀쌀맞았어요. 다음날 전화를 했지만 그녀는 그 후로 거의 일년 동안이나 연락을 끊었어요. 여자들이 이렇다니까요. 어느 날 갑자기 냉정하게 돌아서버려요. 내가 뭐 거짓말이라도 했나요?"

루이스는 자신이 여자를 진정으로 만족시켜주거나 온전히 사랑할 수 없다고 생각한다.

"전 여자에게 봉사하는 걸 좋아해요. 혐오스러운 정도만 아니라면 어떤 여자와도 사랑을 나눌 수 있어요. 여자들이란 골칫덩어리이긴 하지만 그녀들에게 쾌락을 주는 게 좋거든요. 심오한 대화 같은 건 친구들과 나눠도 되죠. 그런데 제가 아무리 잘해줘도 여자들은 떠나요. 제 행동이 맘에 안 든다나요. 난 그저 내가 하고픈 대로 할 뿐인데."

이런 유형의 남자들은, 조화로운 관계를 위해서는 일정 부분의 희생과 포기가 필요하다는 사실을 인정하지 못한다. 따라서 환상의 연인 관계는 오래 지속될 수 없다. 관계가 발전하면 현실적인 욕구와 감정이 개입되기 때문이다.

그는 그녀로 하여금 자신의 생일보다 조카를 더 중요시한다고 생각하게 만들었고, 그의 인생에서 그녀가 우선순위가 아니라는 것을 실감하게 했다.

그런데 최근, 그는 새로운 경험을 했다.

"스물다섯 살짜리 모델과 근사한 호텔에 함께 있었어요. 누가 봐도 부러워할 만한 일이었죠. 그런데 갑자기 속에서 뭔가 충분하지 않다는 생각이 불현듯 올라왔어요."

그의 내면 깊숙한 곳에 자리하고 있던 욕구가 드러나기 시작한 것이다. 환상이 주는 즐거움이 마침내 사그라들고 있다는 신호였다.

그리고 그 후, 릴리라는 여자를 만났다. 그와 결혼할 여자다. 오 랫동안 환상 속에서 살던 남자가 드디어 현실적인 세계로 발을 딛 는 놀라운 변화가 일어난 것이다.

"릴리와 함께 있으면 신기하게도 부족한 느낌이 전혀 들지 않 아요. 그녀는 금발도 아니고 어린 모델도 아닌데 말이에요."

그녀의 어떤 점이 확신을 가져다주었는지 물었다.

"난 혼자 있을 때가 가장 좋아요. 혼자 있을 때처럼 날 편하고 즐겁게 만들어주는 사람이 바로 릴리예요. 내 존재를 음미할 수 있도록 도와주니까요. 그녀는 제게 충분한 공간을 줍니다. 날 소 유하려고 하지 않아요. 그녀와 함께 있으면 어떤 곳에도 가고 싶 어지지 않아요. 날 웃게 해주고 때론 흥분시키는 릴리 같은 여자 라면 결혼하고 싶어요."

릴리는 루이스가 환상에 질려 현실적이고 지속적인 사랑을 할 준비가 되었을 때 그의 눈앞에 나타났다. 그는 꿈에서 깨어나 진 짜 여자를 만날 준비가 되었으며, 이제 자신의 진정한 모습을 드 러내는 '위험'까지도 기꺼이 감수하려 한다.

🪑 환상에 집착하는 남자를 바라봐야 한다면?

- 오직 환상만을 필요로 하는 남자라면 미련 없이 보내라.
- 적당한 환상은 도움이 된다. 그가 환상을 표현할 수 있도록 맞장구를 쳐주어라.
- 그의 자존감을 키워줘라. 그가 당신에게 잘할 때마다 고마워하며 칭찬해줘라.
- 그가 예쁜 여자를 쳐다보거나 칭찬할 때 기분 나쁘게 받아들이지 마라. 그는 평생 그럴 것이다. 그를 죄인 취급하면 아마 그는 당신을 떠날 것이다.
- 그에게 너무 많은 것을 기대하지 마라. 환상은 쉽게 포기하기 힘들다.
- 그를 바꿀 수 있다고 생각하지 마라. 그와 함께 환상을 즐길 수 없다면 헤어져라.

🪑 아직도 환상에 빠져 있는 남자에게

- 환상은 달콤하지만 덫이 되기도 한다.
- 현실에서 만나는 여자들의 장점을 일부러라도 찾으려 노력해라.
- 당신이 현실의 사랑을 믿지 못하는 이유를 직시해라.
- 평범한 일상에서 흥분과 아름다움을 찾아라. 꼭 환상에 의존해야만 인생이 즐거운 것은 아니다.
- 환상은 명상, 기도 등 다른 정서적 충만함으로 대신할 수 있다. 내면의 욕구를 충족해줄 다른 방법을 생각해보자.
- 환상에 대한 이끌림은 창조적인 행위로 승화될 수 있다. 음악이나 글쓰기, 미술 등의 예술 활동으로 감정을 표현할 수 있는 방법을 찾아보자.

4

지워지지 않는
첫사랑의 상처

과거를 이해하지 못하는 사람은
과거를 반복할 운명이다.
– 산티야나 조지George Santyana

첫사랑의 기억을 가슴속 깊은 곳에 품고 살아가는 남자들
이 적지 않다. 다른 여자를 만나도 좀처럼 마음을 주지 못하고 책
임을 다하지 못하며, 의식적으로건 무의식적으로건 과거의 그녀
와 지금의 그녀를 비교한다. 과거의 사랑은 그의 기억 속에 완벽
하게 이상적으로 세팅되어 있기 때문에, 현재나 미래의 그 어떤
여자도 상대가 될 수 없다. 그렇게 남자들은 '첫사랑'과 같은 빛나
는 마법을 찾으려 한다.

하지만 첫사랑을 추억하는 일이 그저 아름다운 것만은 아니다.
과거의 사랑에 대한 집착이 지나치면 그것이 현재의 사랑을 방해

하기 때문이다.

가령 세상을 떠난 아내나 옛 애인의 망령에 시달리는 남자들은, 사별로 인한 상처를 보듬어주고 그녀의 자리를 채워줄 사람을 찾는다.

그 옛 사랑이 어머니인 경우도 있다. 어머니에게 받았던 무조건적인 사랑과 수용을 은연중에 요구하는 것이다. 그러므로 어떤 여자라도 부족하게 느껴질 수밖에 없다.

반대로 어머니에 대한 부정적인 기억 때문에 어머니와 정반대인 여자를 찾는 경우도 있다. 또 힘을 키워 복수를 하기 위해 어머니와 비슷한 여자를 찾기도 한다.

과거의 연인에 사로잡힌 남자

잘생기고 똑똑한 30대 후반의 건축가 프레더릭은, 수많은 여자를 전전하다 마침내 한 여자에 정착한 경우다.

"펀이라는 여자를 3년 간 만났어요. 제가 그녀에게 세 번이나 헤어지자고 했는데 그때마다 그녀가 다시 시작하자고 했죠. 그녀는 좋은 여자지만 신경과민이에요. 하지만 전 연약하고 예민한, 어디로 튈지 모르는 모습에 매력을 느꼈어요."

여성의 불안정한 모습에 섹시함을 느끼는 남자들이 종종 있다.

예측 불가능한 행동에서 느끼는 위험과 위협을 도전적으로 받아들이는 것이다. 이런 남자들에겐 지루함이 가장 큰 위기다. 울고불고 서로를 괴롭히는 드라마틱한 갈등이 사랑이라 믿으며, 흥분이 곧 열정이라고 착각한다. 그들은 시끌벅적한 소동을 통해 살아있음을 확인한다.

느끼는 대로 표현하는 여자에게 끌리는 것은, 사실 조금도 이상한 일이 아니다. 내면이 불안한 남자라면, 자신과 똑같은 갈등을 직접 드러내는 여자에게 매력을 느낄 수 있기 때문이다. 그가 겉으로 표현하고 싶지 않거나 그럴 수 없는 감정들을 그녀가 대신 겉으로 드러내주는 것이다.

또 남자는 자신의 상황이 혼란스럽거나 불행할 때, 정서가 불안정한 여자를 선택하는 경우가 많다. 자신의 삶이 무의미하다고 느낄 때, 그 관계를 통해 그녀에게 비난의 화살을 돌릴 수 있기 때문이다.

"물론 히스테릭한 그녀와 계속 만나는 게 쉬운 일은 아니었어요. 하지만 전 펀을 너무 사랑했고, 그녀도 마찬가지였을 거예요. 펀은 불안정하고 신경과민이었지만 계속 저에게 돌아왔으니까요. 그러다 제가 세 번째로 이별을 통보했어요."

짐작컨대 그 역시 불안정한 상태였음에 틀림없다.

"여러 여자를 만났지만, 제 마음 깊숙이 들어온 여자는 펀밖에 없었어요. 그녀가 내 운명일지도 모른다고 생각하니 덜컥 겁이 나더군요. 전 이사를 하고 다른 여자를 만나기 시작했어요. 하지만 쉽사리 펀을 잊을 순 없었죠. 다른 여자와 있을 때마다, 이럴 때 펀이라면 어떻게 했을까 생각하곤 했어요."

프레더릭이 펀을 잊지 못하는 것은, 다른 누구도 끌어들이고 싶지 않은 일종의 '방어 행위'다. 그래서 옆에 다가온 새로운 사람과도 제대로 시작하지 못하고, 펀과의 관계도 확실하게 끝내지 못했다.

둘의 관계에는 강렬한 이끌림과 서로를 향한 혐오가 공존하고 있다. 또 그는 열정과 흥분을 갈망하면서도 불안정하고 불안한 결과를 두려워한다. 그래서 상대방에 대해 안전함을 느끼고 완전히 마음을 열기 전까지는, 새로운 여자와의 관계를 진전시키지 못하는 것이다.

프로이트 학파의 정신 분석학자이자 심리치료사인 로버트 버크Robert Berk 박사는 바로 이런 '불안정함'이 프레더릭에게 대단히 큰 성적 흥분으로 작용했을 거라 말한다. 그 자신은 인정하지 않을지도 모르지만 말이다.

두 사람의 관계는 이미 오래 전에 끝났고, 둘 다 현재 만나는 사람도 있었지만 서로를 잊지 못했다. 이런 상황은 보기보다 위험하다. 새로운 연애 상대에게 미묘하지만 확실한 경계선을 그어놓는 행위이기 때문이다.

이렇게 누군가와의 관계를 완전히 끝내는 데 몇 년씩이나 걸리

는 사람들이 있다. 심한 경우 죽을 때까지 마음속에 담아두기도
한다.

"편은 제가 사는 곳을 알아내 저를 찾아왔어요. 솔직히 감동했
죠. 저도 내심 우린 아직 완전히 끝난 게 아니라고 생각하고 있었
나 봐요. 당시 전 프랑스 여자와 사귀고 있었지만 결혼 생각까진
없었죠. 편은 그러한 저를 작정하고 유혹했어요. 전 앞뒤 재지 않
고 그녀에게 푹 빠져버렸죠.

그런데 편의 아버지에게 전화가 왔어요. 편이 조울증 진단을 받
았고 쇼핑중독에 빠져 있다고 하더군요. 전 그녀를 이해한다고 말
했지만 편의 아버지는 그녀를 가까이하지 말라고 경고했습니다.

하지만 전 그녀를 다시 만난 게 너무 기쁜 나머지, 전혀 그 말
을 신경 쓰지 않았죠. 극도의 흥분 상태였던 것 같아요. 2주 후 그
녀와 결혼하려고 했으니까요. 저희 부모님도 걱정하셨지만 전 걱
정 마시라고 했죠.

죄책감이 들긴 했지만 프랑스 여자 친구와도 헤어졌어요. 편이
저를 찾아온 바로 다음날 말이죠. 평소의 저답지 않은 행동이었지
만, 당시 전 현실적인 판단을 할 상황이 아니었어요."

그는 과거의 연인을 다시 만났다는 감상에 사로잡혀 감정을 통
제할 수 없었다. 마치 운명의 주인공이 된 것 같은 의기양양한 기
분을 느낀 것이다.

융은 이를 가리켜 '아니마anima(칼 융이 만들어낸 용어로 남성의 무의식에 내재한 여성성을 뜻함-옮긴이) 공격', '자아 팽창'이라고 했다. 무의식에 내재한 여성에 대한 갈망이 표면으로 드러나는 것이다. 남성들은 마치 성배聖杯에 접근하듯 이처럼 운명적인 욕망에 사로잡힌다.

프로이트라면 이러한 상황을, 이상적인 어머니를 향한 무의식적인 욕망과 오이디푸스 콤플렉스에 따른 소망이 배출된 것으로 해석할 것이다.

육체적인 욕망이 강렬할 때는, 현실과 환상을 구분해주는 자아기능과 정상적인 방어기제가 무너지고 원하는 방향으로 자기합리화를 한다. 현실은 더 이상 소용이 없어진다. 상대가 위태로운 사람이든 결혼한 사람이든 그런 것은 중요치 않다. 오로지 자신의 욕구가 중요하다.

'인과응보'의 관점으로도 이러한 상황을 해석할 수 있다. 행동, 생각, 감정의 씨앗은 각자의 '의식'이라는 토양에 뿌려진다. 그것이 어느 정도 자라면 현재에 영향을 미치게 된다. 부정적이거나 불행했던 씨앗은 훗날 그대로 모습을 드러내며, 만약 긍정적인 씨앗이었다면 미래에도 즐거운 상황을 낳는다. 뿌린 대로 거두는 법이다. 이것은 인생 전반에 나타나는 양상이다.

이 일시적인 광기를 뜨거운 열정, 혹은 자유의 실현이라 볼 수도 있을 것이다. 한편으로는 내부의 제약과 외부의 억압으로부터 벗어날 수 있게 해주는 새로운 경험이라고 믿을 수도 있다. 심지어 이것을 종교적인 시각으로 바라보는 사람도 있다. 어쨌거나 이러한 경험은 한 사람의 인생을 송두리째 흔들어놓는 파괴력을 지닌다.

"우리 둘 사이에 타오르던 불길은 마치 중독과도 같았죠. 그렇게 뜨거운 열정은 처음이었어요. '모 아니면 도'라는 생각이 들더군요. 우리 둘이 정말로 잘되거나 아니면 이제 정말 끝이라는 예감 말이에요."

그 역시 그녀와의 사이를 완전히 끝낼 필요가 있다고 자각은 하고 있었다. 그런데 두 사람 사이에 다시 타오른 불꽃이, 그동안 겉으로 드러나지 못하고 남아 있던 앙금을 완전히 태워 없애버렸다.

프레더릭은 몇 년 동안 억눌러온 편에 대한 무의식적인 애착을 드디어 분출하기 시작했다.

"그렇게 행복한 날들을 보내고 있는데, 그녀가 갑자기 떠났어요. 또 다른 전 남자친구를 만나러 간 거였죠. 편은 자신의 마음을 시험해보고 싶었던 거예요. 과거의 남자들을 다시 만난 후 무엇이 현실인지 판단하고 싶었던 거겠죠.

저는 너무 괴로웠습니다. 브룩클린 다리로 달려가 두 시간 동안 미친놈처럼 울었어요. 그제야 홀가분해졌어요. 마치 오랫동안 메고 있던 짐을 내려놓은 기분이었죠. 카타르시스가 느껴졌습니다.

드디어 모든 게 끝나고 평화가 찾아온 거예요."

이처럼 슬픔이 바닥을 치고 나면, 오히려 집착에서 벗어나 다시 시작할 수 있는 법이다. 상실감을 토로하는 게 아니라 '평화를 얻었다.'고 표현하는 그의 말이 그것을 여실히 증명한다. 그는 그녀를 갈망하면서도 한편으로 그 관계가 자신에게 해롭다는 것을 알고 있었다. 마음속으로는 오래 지속될 수 있는 안정적이고 생산적인 관계를 원했던 것이다.

"어쨌든 펀은 또 다른 전 남자 친구를 만나러 캘리포니아로 갔어요. 그 둘은 결혼에 골인해서 지금 아이도 셋이나 낳았어요. 그녀와 저는 전부 타버리고 아무것도 남지 않은 상태였던 거죠."

동양의 심리학에서는 '업業을 태운다(burn out)'는 말을 쓴다. 그 방법 중 하나가 바로 어떤 상황이나 관계를 최후의 순간까지 끌고 가는 것이다. 숨겨지거나 표현되지 않거나 살펴보지 않은 것이 하나도 없을 때까지, 그 관계를 가열하는 동기나 욕망, 갈망이 전부 충족되도록 그대로 둔다. 누군가와의 관계가 운명처럼 느껴지거나 이상하리만치 강렬한 애착이 생긴다면, 이 방법을 써보길 권한다. 서양에서는 이를 가리켜 '운명'이라고 한다.

프레더릭처럼 어떤 관계를 소위 '갈 데까지 가보자.'는 마음으로 완전히 겪어내고 나면, 있는 그대로 상대를 용서하고 평화를 되찾는 해피엔딩이 가능해진다. 때로 아무런 트라우마 없이 관계를 끝낼 수도 있다. 어떤 이들은 신에게 의존하는 경우도 있으며 이때 명상이나 기도가 도움이 되기도 한다.

하지만 결코 쉬운 방법은 아니다. 그 과정에서 욕망과 절망, 그리고 애착이 더 심해져 악순환이 계속될 가능성도 있기 때문이다.

"몇 달 후 제 평생 동반자가 될 여자를 만났습니다. 실연하고 나서 홧김에 만난 건 아니었어요. 정말이지 전혀 새로운 경험이었습니다. 처음 만난 순간부터 우린 거의 모든 시간을 함께 보냈어요. 매일 저녁 만났고 많은 대화를 나누었죠. 전 그녀와 사랑에 빠졌어요. 그녀는 제가 지금까지 만나본 그 어떤 여자와도 달랐어요. 우리 둘 다 현실에 충실했으니까요."

당연히 그는 그동안 현실을 제대로 바라볼 수 없었다. 온 정신이 눈앞에 있지도 않은 과거의 여자에게 쏠려 있었기 때문이다. 이처럼 막연한 가능성에 대한 집착에서 벗어나 과거를 완전히 정리해야만, 새로운 사람을 받아들일 준비를 할 수 있다.

"가장 큰 차이점은 소리 지르고 울고불고 하는 그런 히스테리가 없다는 거예요. 그녀와는 모든 게 자연스럽고 편했어요.

만난 지 3개월째 그녀가 그러더군요. 우리가 결혼에 골인할 수 있을지 앞으로 1년 동안 만나보자고요. 1년 동안 만나보고 아닌 것 같으면 헤어지자고 말이죠. 어느 정도 만나보면 시간 낭비인지 아닌지 파악할 수 있지 않느냐고.

그래서 저도 좋다고 했어요. 일부러 간을 보거나 관계를 위태롭게 하려는 의도는 아닌 것 같았어요. 똑 부러지고 분명한 그녀의 생각이 존경스러웠습니다. 그런 제안은 처음이었거든요."

그는 확실히 어른이 되어가고 있었다. 전체적인 상황을 현실적으로 바라보고, 여유로운 시각으로 자신은 물론 상대방을 배려할 수 있게 된 것이다. 물론, 당시 그의 마음이 '준비된 상태'였기 때문에 가능한 일이었다.

"과거의 여자들과 제 아내의 차이점은 '믿음의 깊이'인 것 같습니다. 전 절대로 아내를 떠나지 않을 거예요. 저보다 돈 많고 잘난 남자가 나타나거나, 우리 둘 사이가 잠시 안 좋아진다고 해도 아내가 날 배신하지 않을 거라는 걸 알거든요. 아내가 내게 요구했던 것들은 전부 제가 납득할 수 있을 만한 것들이었죠.

그녀는 중심이 뚜렷한 외유내강형이에요. 전 진심으로 그녀를 믿습니다. 제가 어떻게 이런 여자를 만나는 행운을 얻었는지 모르겠네요."

위태로운 과거의 여인에게 오랫동안 흔들려온 그의 입에서 이런 말이 나오다니 흥미롭기 짝이 없다. 그는 신뢰할 수 없는 여자를 사랑했고, 스스로 위험을 자초했다. 지금의 아내를 만나기까지 마치 소용돌이처럼 수많은 일들을 겪어야만 했다.

그도 모르는 사이 그의 내면에는 편과의 관계를 깨끗하게 끝내고 진정으로 마음을 나누고 믿을 수 있는 여자를 만나고 싶은 욕구가 피어나고 있었다. 그런 한편 편이 돌아오자 두 사람 사이의 강렬한 감정을 확인해보고 싶은 마음도 있었던 것이다.

여기엔 커다란 용기가 필요했다. 그는 상처받을 것을 뻔히 알면서도 자신의 감정을 거부하지 않고 자연스럽게 내버려 두었다. 편과의 관계가 모두 끝났을 때 찾아온 상실감에 대해서도 그저 온힘을 다해 슬퍼했다. 그러자 비로소 과거를 훌훌 털고 발전적인 방향으로 나아갈 수 있었다.

우리는 자신을 집어삼킬 고통에 대한 두려움을 극복하고, 그것에 정면으로 맞설 준비가 되어 있을 때 진정한 사랑을 할 수 있다. 또한 과거의 묵은 기억은 그저 추억으로 간직한 채, 새로운 경험을 시작할 용기를 가져야만 완전히 자유로워질 수 있다.

현재를 지배하는 불안한 과거의 그림자

성공한 주식중개인인 피트는, 다양한 경험을 좋아하지만 여자 문제에 있어서만큼은 늘 어려움을 겪는다.

"초등학교 때 전 인기가 정말 없었어요. 소심한 데다 숫기도 없었고 여자애들이 두려웠어요. 이차성징이 시작되자 너무 창피해서 여자애들이 말만 걸어도 피하곤 했죠."

그는 막 싹트는 자신의 성을 수치스럽게 여겼고 여학생들과 자연스럽게 어울리지 못했다.

"고등학교 2학년 때 좋아하던 여학생과 처음으로 사귀게 됐어요. 그런데 얼마 지나지 않아, 그녀가 스스로 동성애자라는 걸 깨닫고 절 떠났죠. 정말 큰 충격이었습니다."

피트는 첫 연애에서 자신의 남성성을 확인받지 못했다. 또 어린 시절 어머니에게 학대당한 기억도 가지고 있다.

"어머니는 무척 거칠었어요. 육체적으로 절 괴롭혀서 어머니와 단 둘이 있는 게 무서웠죠. 형제가 많았는데, 어머니는 그중에서도 제가 당신을 도와야 한다고 생각하셨어요. 아버지는 가정에서 큰 역할을 하지 못했고, 제가 방어막이 되어 다른 형제들은 학대를 당하지 않았죠.

그런 환경이다 보니 어릴 때부터 저 자신이 못났다, 잘못했다 따위의 생각을 많이 했던 것 같아요."

어릴 때 어머니에게 학대를 당하는 경우 남성으로서의 자존감이 형성되기 어려울 뿐 아니라, 스스로를 사랑받을 수 없는 존재라고 여기게 된다. 이러한 상처는 자신의 성적 정체성과 여성과의 관계에까지 영향을 끼친다.

어머니에 대한 증오로 가득 차다 보니, 어느새 남자를 싫어하는 여자들만 삶에 끌어들이고 있는 자신을 발견했다. 그는 많은 여자를 만났지만 왠지 모를 두려움에 섹스를 나누지 못했다. 여자를 믿을 수 없었기 때문이다. 어릴 때부터 그의 내면에 깔려 있는 어머니에 대한 두려움은, 여자들에게 고스란히 투영되어 여자를 위험하고 증오스러운 존재로 바라보게 만들었다.

그는 아무런 의무감을 느끼지 않아도 되는 오직 '섹스 파트너'가 되어줄 여자만을 만나기 시작했다. 서로 친밀감과 따뜻함을 느끼지 못하도록 처음부터 차단한 것이다.

"전 성경험이 늦은 편이어서 여자들은 절 천연기념물 취급하며 관심을 보였죠. 첫 경험 상대는 성적으로 무척 왕성했지만 제가 무척 싫어하던 여자였어요. 애정이 전혀 없었기 때문에 오히려 섹스가 끝난 후 곧바로 침대에서 일어날 수 있었죠.

그게 바로 제가 원하던 거였어요. 그 후로도 맘에 안 드는 여자들만 만났어요. 여자를 사귀면서도 언젠간 날 떠날 거라는 두려움이 항상 있었던 것 같아요."

그는 여러 여자들을 만나면서 조금씩 자신감이 쌓여갔지만, 가슴속엔 여전히 자기 자신과 상대 여자에 대한 불신이 남아 있었다. 그가 가진 두려움은 어머니에게 받았던 '버림받은 느낌'의 발현이 분명하다. 그가 어머니로부터 받았던 정신적, 육체적 학대는 무엇보다 극복하기 힘든 트라우마다.

그가 냉담한 여자들에게 끌렸던 이유는, 그런 상대일수록 그에게 감정적인 요구를 하지 않기 때문이었다. 상대가 냉담하면 그도 냉담해질 수 있었고, 억지로 친밀해지기 위해 노력할 필요가 없었다.

"성인이 된 후 어머니가 정신적으로 아픈 사람이라는 사실을 깨닫고, 전 객관적인 사람이 되기로 마음먹었습니다. 연애 문제에 좀 더 현명하게 접근하고 모든 문제에 귀를 기울이며 넓은 관점으로 보려고 했어요. 그런 식으로 제 문제를 해결하려고 노력했죠. 약간의 거리를 두고 제 자신을 바라보자, 제 행동을 어느 정도 통제할 수 있게 됐어요."

피트는 안정적인 관계를 원하면서도 스스로 그 가능성과 멀어지곤 했다. 어머니가 준 과거의 트라우마를 정복하는 것 자체가 그에겐 흥분이자 자극이었기 때문이다. 그의 허세 깊숙한 곳에는, 버려지고 거절당하는 것을 두려워하면서도 한편으론 여자를 만족시켜주고 싶어 하는 어린 소년이 존재했다.

또한 그는 상대방이 변하면 자신도 행복해질 것이라고 믿고 있다. 그러나 그것은 절대 불가능한 일이다. 마음의 평화를 위해서는 자신이 직접 스스로의 문제를 해결해야 하며, 자신의 행동에 전적으로 책임져야 한다.

피트와 같은 경우를 우리는 '반복강박'이라 부른다. 반복강박이란 과거의 고통스러운 관계나 행동, 생각, 상황 등을 계속해서 반복하게 되는 욕구다. 고통을 느끼면서도 멈추지 못하는 것이다. 강박증은 개인의 올바른 판단력을 저해하고, 성장을 더디게 하며,

관계에 있어 근본적인 만족을 방해한다.

일부 정신분석학자들은 인간이라면 누구나 이 반복강박증의 영향을 받는다고 말한다. 한 걸음 한 걸음씩 성장해나가면서 그 강박으로부터 벗어난다는 것이다. 그러기 위해선 자신이 빠져 있는 딜레마에 대해 명확히 인식하고 이해해야만 한다.

어느 수피(이슬람교에서 말하는 신비주의자. 종교적으로 건전한 생활을 하는 자를 가리킨다−옮긴이)의 이야기는 이러한 상황을 잘 묘사하고 있다.

물라 나스루딘Mullah Nasruddin이라는 수피는 싼값에 혹해서 고추 한 바구니를 샀다. 고추를 먹기 시작하니 눈물이 뺨을 타고 흘러내리고 혀는 얼얼했지만, 그는 먹는 걸 멈추지 않았다. 제자 하나가 그 이유를 묻자 이렇게 답했다.

"계속 먹다보면 달콤한 게 나올 것이다."

이와 마찬가지로 반복강박에 사로잡혀 잘못된 여자들만 만나는 남성은, 눈물이 뺨을 타고 흐르는데도 언젠가 달콤한 여자를 만날 날만을 기다린다. 그러나 강박증에 사로잡혀 있는 한 그는 계속 매운 고추 같은 잘못된 여자들만 끌어들일 뿐이다.

어떤 남자들은 과거의 문제를 해결하기 위해 타임머신을 타고 과거의 고통스러운 상황으로 되돌아간다. 무기력한 희생양에서 벗어나고 상황을 반전시켜 힘과 통제권을 쥐고 싶어 한다. 그리고 마치 범죄 현장으로 돌아가려는 범인처럼, 큰 상처를 받을 것이 뻔한데도 자꾸 똑같은 유형의 여자를 만난다. 이것이 반복강박의 가장 큰 폐해다. 과거의 부정적인 상황을 되풀이하려 하는 이 반복강박을 분명히 이해하고 대처해야만, 관계를 좀먹는 불안감과 트라우마를 지울 수 있다.

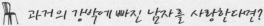

과거의 강박에 빠진 남자를 사랑한다면?

- 그의 마음을 유심히 살펴라. 과거의 관계를 완전히 정리했는지 알아보고, 누군가에 대한 정리되지 않은 감정이나 희망이 남아 있지 않은지 파악해라.

- 두 사람의 관계가 앞으로 어떻게 발전할지에 대해 확실한 경계를 미리 세우고 미래에 대한 기대감을 표현해라.

- 그에게 맞추려고 하지 말고 당신의 신념대로 행동해라.

- 자신과 그에게 솔직해져라.

- 만약 그가 반복강박에 빠져 있다면, 그는 일종의 환자이며 당신이 치유할 수 없다는 걸 깨달아라.

- 그에게 휘둘리지 마라. 바쁘게 생활하고 관점을 넓히며 충만한 인생을 살려고 노력해라.

아픈 과거를 아직도 잊지 못한 남자에게

- 과거에 대한 당신의 집착이 새로운 관계에 장애물이 되고 있음을 깨달아라.

- 지금 만나는 그녀와 과거의 그녀를 어떤 식으로든 비교하지 마라.

- 당신이 과거에 집착하는 이유를 스스로에게 납득시켜라. 용서를 구하거나 받아야 할 필요가 있는가? 그렇다면 바로 지금 실행에 옮겨라. 예전의 그녀와 끝내지 못한 말이 있는가? 그렇다면 그녀를 만나서 허심탄회하게 이야기해라.

- 언젠가 과거의 그녀와 다시 함께할 수 있다고 생각한다면, 기다림의 기한을 정해놓아라. 자신도 모르는 사이 인생을 통째로 낭비하고 싶지 않다면 말이다.

- 현재의 관계를 친밀함과 책임감의 회피 수단으로 이용하지 마라. 당신은 지금 '깊은 관계' 자체를 원하지 않을 수도 있다. 만약 그렇다면 스스로 그 사실을 인정해야 한다.

- 과거의 고통스러운 상황과 행동이 반복된다면, 당신은 무의식적인 반복강박에 빠져있을 확률이 높다.

- 다음번엔 다를 거라고 생각하겠지만 절대 그렇지 않다. 강박의 원인을 명확히 인식하고 객관적으로 이해해라.

- 이른 바 반복강박에 시달리는 것은 당신 혼자가 아니다. 그것은 해결되지 못한 과거의 트라우마가 드러나는 일이다. 자신의 행동에 책임을 지고 개선하기 위해 노력한다면 충분히 이겨낼 수 있다.

5

돈과 사랑,
그 아찔한 경계

> 나 자신에 대한 자신감을 잃으면,
> 온 세상이 나의 적이 된다.
> – 랠프 왈도 에머슨Ralph Waldo Emerson

여자를 만날 때 경제력을 전면에 내세우는 남자들이 있
다. 돈을 이용해 선물 공세로 여자를 만족시키고 곁에 두려 하는
남자들 말이다. 이런 태도는 여자를 '남자의 피를 빨아먹고 사는
흡혈귀'로 보는 시각과 같다. 남자들은 돈을 벌기 위해 열심히 노
력하면서도 그 사실에 분개한다. 또한 좋은 집이나 보석 등의 선
물로 여자를 소유할 수 있다고 생각한다. 자신은 물론 여자들까지
사물화하는 것이다. 물론 이렇게 남자를 경제력으로 평가하는 잣
대는 일정 부분 사회가 부추긴 측면도 있다.

남자들에겐 '자기 자신'보다 돈이나 선물을 주는 것이 훨씬 쉽

다. 하지만 힘과 돈이 이끄는 관계에 집착하기 시작하면 상황이 더 어려워진다. 아무리 많은 것을 받아도 만족하지 못하는 그녀를 보며 남자는 절망에 빠진다.

당연하다. 돈은 가짜 사랑의 한 형태에 불과하기 때문이다. 이런 상황에 대해 대부분의 남자들이 여자를 탓하지만, 사실 비뚤어진 자아의식을 가지고 있는 그들의 책임도 크다.

돈이 빚어낸 정서적 거세

그리스 출신의 잘생긴 택시기사 닉을 만나, 남자들이 떠나고 싶어 하는 이유가 무엇이라고 생각하는지 물었다.

"'남자는 왜 떠나려 하는가?' 질문이 틀렸네요. '남자는 왜 여자를 떠나지 못하는가?'가 맞는 말이죠. 저도 예전엔 여러 번 떠나봤지만 이젠 점점 나이만 먹고 있어요. 여자들은 왜 만족하지 못할까요? 제 생각엔 딱 하나예요. 바로 돈. 전부 다 돈 때문이에요. 여자들은 남자가 가진 돈을 전부 다 원하지만, 그 돈이란 게 충분하지 않은 거죠. 저도 마찬가지고요.

결혼한 지 20년이 됐는데, 아내를 죽도록 사랑하지만 두어 번 정도 헤어질 수밖에 없었어요. 왜냐고요? 저는 아내 때문에 빚에 허덕이고 있어요. 1,000달러를 주면 1,050달러를 쓰는 게 바로 그 여자죠. 얼마를 줘도 늘 부족하다고 불평해요. 원하는 걸 사줘봤자 오히려 싸움을 걸어옵니다. 옷장에 생전 입지도 않는 옷들과 구두, 보석이 가득한데도 우는 소리를 해대니 미칠 노릇이죠.

아내만 이런 게 아니에요. 친구들끼리 더욱 부추깁니다. TV에서도 여자들에게 더 많은 것을 가지라고 광고하죠. '무엇을 가지고 있느냐.'가 '얼마나 사랑받고 있느냐.'를 증명한다고 믿게 하는 거죠. 여자들이란 만족을 모르는 것 같아요. 사랑에 이렇게 돈이 많이 들 줄이야. 전 그저 날 사랑해주길 바랐을 뿐이에요. 제가 얼마나 노력했는지 아무도 모를 겁니다."

닉은 자신이 가진 돈과 상관없이 아내의 사랑을 받을 자격이 있다는 사실을 모르고 있다. 그리고 그는 아내가 왜 그렇게 필요하지도 않은 옷과 신발로 옷장을 가득 채우는지 생각해본 적이 없다. 그녀가 정말로 갈구하는 것이 무엇인지에 대해 말이다.

로버트 버크 박사는 말한다.

"남성들은 여성에게 성적으로나 금전적으로 장악당하는 것을 두려워합니다. 그런데 여성이 자신을 장악할 거라고 생각하는 것 자체가 장악당하고 싶은 욕망과 맞닿아 있습니다. 대부분의 남성이 그 욕구를 인정하지 못합니다. 어머니에게 의존했던 유아기로 돌아가는 것과 비슷한 의미를 지니기 때문입니다."

이는 '정서적 거세'라고도 표현할 수 있다. 아무리 많은 것을 주어도 여자를 만족시킬 수 없기 때문이다. 때로 이런 상황이 성적인 문제의 원흉이 되기도 한다. 남자로서 무능함을 느끼고 위축되는 것이다.

남자들은 여자를 만족시켜줌으로써, 스스로 굉장한 자부심을 느낀다. 성적으로든, 금전적으로든, 정서적으로든 모두 마찬가지다. 그래야만 그녀가 자신을 떠나지 않을 것이라고 생각한다.

제럴드 엡스타인 박사의 이야기를 들어보자.

"자본주의 사회에서 돈은 언제나 가장 자극적인 화두입니다. 남자들은 섹스에 대해서는 시시콜콜한 것까지 이야기하면서도 돈에 대한 질문에는 입을 굳게 다뭅니다. 남성의 자아의식에 성보다 돈이 더 깊게 자리하고 있기 때문이죠.

재미있는 건, 돈에 관심이 지대한 남자들이 오히려 돈을 밝히는 여성에게 끌린다는 겁니다. 그런 여성을 자신의 삶으로 불러들이는 거죠. 그런가 하면 돈을 자신의 가장 중요한 소유물로 여겨 결코 여자와 공유하지 않으려는 남자도 있습니다. 그들에게 돈은 곧 힘이며, 자신과 돈을 동일시하곤 합니다. 이처럼 물질적인 삶에서는, 자신을 자신의 소유물과 동일시하는 실수를 하게 되죠."

닉은 실패감과 외로움에 못 이겨 아내를 떠난 적이 있으나 그녀가 걱정 돼 다시 돌아왔다. 그는 스스로를 그녀의 부양자로 생각한다. 그러한 생각이 그의 자존심을 유지해주고 있다.

그는 자신을 여자에게 만족감을 주기 위해 존재하는 도구로 인식한다. 그리고 상대가 만족하지 못하면 그녀가 자신을 원하지 않는다고 단정지어버린다. 이런 인식이 그의 자아를 소모시키고 쇠약하게 만든다. 그는 사랑 같은 건 이미 잊은 지 오래라고 말한다. 돈으로 살 수 있는 것은 겉으로 보이는 것뿐이라는 걸 잘 알고 있지만, 현실은 계속 반복되고 있다.

이것은 닉 자신에게도 매우 가혹한 일이다. 스스로가 현실의 굴레에서 벗어나려 하지 않기 때문이다. 예전처럼 아내를 떠나 새로운 여자를 찾을 생각도 없어 보인다. 그는 불만을 터뜨리면서도 돈을 벌기 위해 쉴 새 없이 일한다.

이들 부부의 관계는 마치 마조히스트와 새디스트 같다. 물건에 대한 아내의 집착 뒤에는, 그녀가 한 번도 남편에게 표현한 적이 없는 고통스러운 감정적 욕구가 숨어 있다. 아내는 끊임없이 남편에게 요구하며 불만을 드러냄으로써 남편의 관심을 확인하고 그를 통제하려 하고 있다.

닉은 무엇보다 자신을 소중히 여기는 법을 배우고, 누구나 있는 그대로 가치 있는 존재라는 사실을 깨달아야 한다. 또 물질적인 면이 아니라 인간적으로 그녀에게 무엇을 주어야 할지 고민해야 한다.

'애티튜드 이즈 에브리띵Attitude Is Everything'의 대표 제프리 켈러Jeffrey Keller는 이렇게 이야기한다.

"우리 회사에서는 동기 부여 프로그램을 시작할 때 '세상에 우연이란 없다.'라고 쓰인 슬라이드를 보여줍니다. 다시 말해 누군가의 인생에서 일어난 결과, 그의 삶에 들어온 사람에 대한 책임은 그 사람에게 있다는 것이죠. 그다음 '생각과 상황'이라고 쓰여 있는 또 다른 슬라이드를 보여줍니다. 혼란스러운 현재 상황에서 한 걸음 물러나서, '내가 어쩌다 이렇게 됐지?'라고 생각해보게 합니다.

29번이나 연속으로 잘못된 애인을 사귄 사람의 예를 들어주고, 그게 과연 우연인 것 같은지 물어봅니다. 그것은 절대로 우연이 아닙니다. 그 사람의 내면, 즉 자신에 대한 생각이라든가 태도, 자존감이 잘못된 상대를 끌어들이는 것이죠."

닉 스스로가 아내의 그러한 행동을 유발하고 확대한다는 것이다. 여자들에 대한 그의 시선도 마찬가지다.

켈러의 설명이 이어진다.

"우연히 정말 괜찮은, 당신에게 최선을 다하는 사람을 만날 수도 있겠죠. 하지만 그 후엔 어떻게 될까요? 당신이 그 사람을 밀어냅니다. 왜냐고요? 그런 좋은 대우를 받을 자격이 없다고 스스로를 푸대접하거든요. 당신의 삶에 들어오는 사람들이 당신 때문이 아니라 다른 외부 요인 때문이라고 생각한다면, 당신은 스스로를 약한 존재로 인식하는 겁니다.

다시 한 번 강조하지만 생각이 상황을 만듭니다. 본인 스스로가 사람들을 끌어들인다는 걸 깨닫는다면, 자신에 대한 태도가 바뀌고 삶이 전혀 새로운 방향으로 흘러갈 겁니다."

차라리 솔로가 낫다는 남자들

50세의 매력적인 미혼 남성 이선은 여자들에게 완전히 지쳐버렸다.

"대부분의 여자들이 맨 먼저 하는 질문은 '하는 일이 뭐예요?' 입니다. 돈이 얼마나 있는지 알아보려는 거죠. 순간 확 깨면서 저절로 방어 태세를 갖추게 되죠. 그리고 지금까지 결혼을 안 했다고 날 어딘가 결함이 있는 사람처럼 보는 것도 이해할 수 없어요. 아니 그럼 내 나이에 이혼한 부인에게 꼬박꼬박 양육비를 보내고 주말마다 아이들을 만나러 가는 건 더 낫나요?"

이선 역시 여자들이 자신을 상품으로 간주한다고 믿는다. 그가 만나는 모든 여자는 판사이자 배심원이다. 마치 감시를 받는 느낌이다. 차라리 솔로인 게 훨씬 낫다.

"소개팅이 끝나면 항상 내 모습이 어땠는지를 생각해봅니다. 스스로 그 만남이 재미있었고 그녀도 즐거워하는 것 같았다면 기분이 좋아져요. 하지만 나라는 사람의 자산 가치를 심사받는 기분이 들면 그냥 거기서 끝내버리죠."

그는 여자들이 자신의 말에 귀를 기울이지 않는다고 했다. 이선이 자신을 제대로 표현하기 어려웠던 이유는 여자들로부터 평가받는다는 생각 때문이다. 스스로 약한 모습을 보이기를 꺼렸고, 그녀가 자신의 참모습을 알고 싶어 한다고는 생각하지 못했다. 솔직한 모습을 보이는 것보다 자신의 이미지를 만들어내는 것이 그에겐 훨씬 자연스러웠을 것이다.

근본적으로 이선은 여자와의 의사소통을 간절히 원했고, 그들이 자신을 이해해주기를 바랐다. 또한 상대를 받아들이고 자신도 상대에게 받아들여지고 싶었다. 그러나 아이러니하게 두 가지 모두 불가능하다고 여겼다.

"제가 여자를 사귈 때 가장 먼저 보는 게 바로 냉장고예요. 냉장고가 꽉 차 있으면 안정적이고 가정적이고 건강한 여자라는 느낌이 들죠. 반쯤 남은 탄산음료 병이나 매니큐어 리무버 같은 게 들어 있는 것과는 천지차이죠. 전 가정적인 여자에게 보살핌을 받으며 살고 싶거든요.

그리고 대화를 좋아해요. 편안한 분위기에서 저 자신을 표현하고 싶고 그녀도 그랬으면 좋겠어요. 한밤중에 통화하는 것도 좋아하고요. 그런데 지금까지 만난 여자들은 대부분 그런 친밀감을 거부하더군요. 전 그런 친밀감을 나눌 수 없다고 생각되면 차라리 이별을 택해요."

이선의 여자들은 그가 주는 것을 받아들이지 못했다. 안정적이고 성공한 남자를 원하면서도 그가 주고 싶어 하는 친밀감이나 보살핌은 거부했다. 그럴 때면 이선은 마음의 문을 닫았다. 어릴 적부터 항상 우울함에 빠져서 소통이 없었던 어머니를 보면서 느꼈던 좌절감이 되살아났던 것이다.

"어머니는 저를 사랑했지만 표현을 제대로 못 하셨어요."

스스로를 '물건'으로 보는 남자들은 상대방과의 솔직한 의사소통이 불가능한 경우가 많다. 속마음을 드러내고 겉 포장지를 찢어버리면 더 이상 그녀에게 가치 있어 보일 수 없다고 생각하기 때문이다.

"남자가 조금이라도 괜찮다 싶으면 만나자마자 곧바로 결혼하고 싶어 하는 여자들도 있습니다. 하루하루 나이를 먹어가기 때문이죠. 요즘은 나이에 대한 압박감이 크니까요. 그런 여자들은 꼭 돈만 원하는 게 아니에요. 남자를 돈 벌어오는 기계 혹은 애 만드는 기계로 보는 거죠. 하지만 그런 식으로 서둘러서는 좋은 관계를 유지할 수 없어요."

이선은 지금까지 한 번도 자신의 있는 모습 그대로를 여자들에게 평가받은 적이 없다. 그는 항상 여자들의 타이밍이나 경제적, 생물학적 또는 심리적인 요구 조건에 자신을 맞춰야만 했다.

그 역시 여자가 진짜로 원하는 것이 무엇인지 깊이 생각해보지도 않았다. 정작 겉으로 드러난 그녀의 요구에 숨겨진 의미에 대해서는 관심을 기울이지 않은 것이다. 스스로 자신감이 부족했기 때문에 오히려 그런 여자들에게 끌려다녔는지도 모른다.

결혼하고 싶은 여자를 만난 적은 없었는지 묻자 이선은 20년 전에 만났던 그녀에 대해 이야기한다.

"30대 초반에 몬트리올에서 만났어요. 그녀는 큰 사업체를 가지고 있었는데 전 시간이 날 때마다 그녀가 있는 곳으로 갔어요. 하지만 장거리 연애라는 건 원래 장애물이 많은 법이죠.

그녀의 아버지가 절 반대했어요. 하나뿐인 딸을 주고 싶지 않았던 거죠. 휴가까지 내면서 여자를 만나러 오는 저를 무능력하다고 생각하셨어요. 그녀는 아버지의 말을 외면할 수 없었고요. 먼저 마음이 떠난 건 그녀였어요. 그녀는 제게 실망했죠. 제가 몬트리올 지리를 잘 모르는 데다 그녀가 주도하는 쪽이라서 모든 계획을 그녀가 세우곤 했거든요."

이처럼 이성을 만날 준비가 되지 않았을 때 일부러 이루어지기 힘든 사람을 선택함으로써 혼자가 될 구실을 찾는 경우도 있다.

이선은 어머니와 따뜻한 대화를 경험해보지 못했고, 가치 있는 존재로 대접받지 못한 탓에 자존감이 약하다. 마치 원하는 것을 갖지 못하는 괴로운 상황을 스스로 택하듯, 결국 헤어질 것이 뻔한 여자를 만났다.

"50대가 된 지금은, 제가 원하는 사람을 만날 수 있어요. 문제는 선택권이 무척 좁아졌다는 거죠. 자유분방한 30대 중반의 여자들을 좀 더 많이 만나고 싶어요. 40대 여자들은 나이를 먹을 만큼 먹어서인지 날이 서 있는 경우가 많아요. 이미 한 남자와 오랜 시간을 함께 보낸 경험이 있기 때문에 제가 다가가려고 하면 '뭐죠?' 하며 날카로운 반응을 보이죠. 까다로운 상대예요."

이선은 남녀관계를 자연스러운 '기브 앤 테이크give and take'로 보지 않는다. 그에게 여자는 그의 돈을 평가하고 이용하는 '소비자'일 뿐이다. 이러한 사고방식은 그의 자아를 해치고 스스로 분노하게 만든다.

"가끔은 절 저울질하는 여자를 만나는 것보다, 남자 친구들하고 어울리거나 혼자서 음악이나 운동을 즐기는 게 훨씬 좋을 때도 있어요. 낙천적이고 긍정적으로 사는 게 가장 힘들어요. 요즘은 아무 생각 없이 바쁘게 지내려고 해요. 어젯밤에는 친구와 전화로 몇 시간이나 떠들었죠. 그랬더니 기분이 좋아지더군요."

이선에게 가장 중요한 것은, 자신의 진정한 모습을 발견하고 소중하게 여기는 일이다. 그래야만 그의 가치를 똑같이 소중하게 여겨줄 여자를 만날 수 있을 것이다. 쉽게 인정할 수 없는 자신의 모습을 받아들이고 상대방의 단점 또한 받아들이는 법을 배워야 한다.

여자들이 원하는 건 결국 돈?

러스는 큰 키에 구릿빛 피부, 사려 깊은 마음씨를 가진 40대 후반의 남성으로, 학교에서 생활지도 상담 선생님으로 일하고 있다. 그는 사랑하는 여자를 만족시키는 일과 결혼생활의 애정은 전혀 별개의 문제라고 생각한다.

"전 예쁜 여자를 보면 곧바로 빠져듭니다. 토비는 좋은 가정에서 자란 사랑스러운 여자였어요. 직업은 댄서였죠. 죽도록 그녀를 사랑했어요.

6개월 동안 만났는데, 그녀는 평소에도 왠지 모르게 제게 만족하지 못하는 것 같았어요. 일주일에 2~4번 정도 만났고 잠자리도 자주 했거든요. 도대체 뭐가 문제인지 알 수 없었죠.

전 슬슬 그녀와 결혼을 생각하기 시작했어요. 여자라면 누구나 결혼을 꿈꾸지 않나요? 여자들은 남자들에게 책임감, 유대감 같은 걸 원하죠. 그게 충족되지 않으면 남자가 자신을 덜 소중히 여긴다고 생각하는 게 여자들이에요. 전 그녀를 책임질 준비가 돼 있었고 스스로 뿌듯했어요.

그런데 며칠 후 토비가 그러더군요. '러스, 난 자유롭길 원해요. 당신을 만나면서 다른 남자들도 만나고 싶어요.' 충격이었습니다. 오늘은 절 만나고, 내일 밤엔 다른 남자와 한 침대에 있는 그녀를 도저히 용납할 수가 없었으니까요.

그러자 그녀는 저와 헤어져야겠다고 생각한 모양이에요. 절 만나는 동안 진실하지 않았다는 얘기죠. 한동안 제 잘못이라고 생각했어요. 제가 그녀를 만족시켜주지 못했기 때문에 다른 남자가 필요했던 거라고 말이죠. 하지만 시간이 지난 뒤 이런 생각이 들더군요. 그녀가 상처받지 않기 위해 날 먼저 떠난 게 아니었을까 하는. 그녀도 과거에 갑자기 실연당했던 경험이 있거든요.

아니나 다를까 한 달 후 그녀에게 연락이 왔죠. 만나자마자 울면서 잘못했다고 하더군요. 전 상처가 너무 커서 그녀를 믿을 수 없었습니다. 다시 받아달라는 그녀에게 우린 완전히 끝났다고 말했죠."

남녀관계에서 지향하는 바가 다르면 서로를 만족시켜줄 수 없다. 러스는 사랑과 보살핌을 줄 수 있는 여자를 찾으려 애썼다. 그리고 그다음에 만난 여자도 처음엔 마냥 좋기만 했다.

"2년 동안 정말 행복했고 날이 갈수록 사랑이 깊어졌습니다. 그녀와 결혼하던 날, 세상을 다 가진 기분이었죠.

그런데 결혼한 지 두 달 후에 그녀가 아기를 낳고 싶다고 했어요. 당황스러웠습니다. 결혼 전, 아기를 낳지 않기로 서로 합의했거든요. 그녀는 마음이 바뀌었다고 하더군요. 하지만 제 생각은 변함없었어요.

제가 아기를 원하지 않는다고 말하자 그녀는 절 멀리하기 시작했습니다. 그녀의 가슴에 대못이 박힌 모양이에요. 그러나 전 그 대못을 뽑아줄 수가 없었습니다.

우리 사이는 그때부터 완전히 달라졌죠. 그녀는 자기가 더 사랑하면 제 마음을 돌릴 수 있을 줄 알았다고 하더군요. 결혼을 하고 나면 저도 아기를 원하게 될 줄 알았다는 겁니다. 여자들은 자신의 사랑으로 남자를 바꿀 수 있다고 착각하는데 그거야말로 환상이죠.

　그녀는 이미 다른 남자와의 사이에 딸이 있었는데 딸이 성인이 되어 집을 떠나자 빈둥지증후군(empty nest syndrome, 자녀가 성장해 부모의 곁을 떠난 시기에 중년 주부가 느끼는 허전한 심리-옮긴이)에 시달리고 있었어요. 전 그냥 저만 사랑해주기를 바랐는데 말이죠.

　마이클이라는 친구가 그러더군요. '모든 여자는 배신자이고 모든 남자는 정서적 불구자'라고 말이에요. 어느 정도는 사실인 것 같아요. 저 역시 그녀에게 배신감을 느꼈으니까요."

　그녀는 러스보다 아기를 원했던 것이 분명했다. 그런데 그것이 불가능해지자 그녀는 그에 대한 사랑이 식었다. 두 사람은 결혼생활을 유지하는 내내 침묵의 전쟁을 치르고 있었다.

　"그녀는 절대 희망을 버리지 않았어요. 결혼한 지 2년쯤 되었을 때 한참 사랑을 나누고 있는데 아내가 피임도구를 쓰지 않은 것 같더군요. 전 아내에게 항의하면서 하던 일을 멈추었죠. 그녀는 아기로 절 옭아맬 작정이었던 거예요. 아내가 울면서 '당신은 이제 나하고 이혼할 거잖아!'라고 하더군요. 그래서 아니라고, 난 여전히 당신을 사랑한다고 말했어요. 그때 헤어졌어야 했는데. 벌써 11년이나 지났지만 아직도 갈등은 계속되고 있어요. 날 미워하는 여자와 사는 건 정말 못할 짓이에요. 날이면 날마다 이혼을 다짐합니다. 우리에게 이혼은 시간 문제예요."

　그러나 그는 스스로 느끼게 될 실패감 때문에, 그리고 다른 여자를 만나도 이런 일이 반복될까 두려워 아내를 쉽게 떠나지 못한다.

"사실 그녀는 모자랄 것 없이 훌륭한 아내예요. 요리도 잘하고 쇼핑이나 청소, 빨래 등 모든 집안일을 척척 해내죠. 저에게 애정을 주지 않고, 저를 편하게 해주지 않는다는 것만 빼고 말이에요. 전 아내가 힘들까 봐 요리도 하지 말고 빨래도 세탁소에 맡기라고 했어요. 당신과 단둘이 보내는 시간이 더 좋다고, 우리 사이가 좋아질 수 있는 방법이라면 뭐든지 하자고 말했죠.

그러나 그녀는 요지부동이에요. 제가 원하는 건 아내의 사랑뿐입니다. 아내의 사랑을 받지 못한다는 사실에 미쳐버릴 것만 같아요. 그렇다고 다른 여자를 만나야 할까요? 전 다시 시작하는 게 두려워요.

만약 나중에 다른 여자를 만난다면 다 큰 자녀를 둔 여자였으면 좋겠어요. 제가 그토록 원하는 사랑과 관심을 줄 수 있는 여자 말이에요. 그런 여자라면 행복하게 만들어줄 자신이 있어요."

러스의 마음 깊은 곳에는 아내에게 받은 상처와 함께 그녀를 향한 분노가 자리하고 있다. 그것은 어린 시절 그에게 사랑을 쏟아부었다가 갑자기 빼앗아버린 어머니에 대한 감정과 비슷하다. 그가 느끼는 무력감과 갈망은 점점 커져가고 있으며, 아내의 사랑을 얻으려는 노력도 계속되고 있다.

러스가 이런 딜레마에서 벗어나려면, 지금의 상황이 어린 시절의 반복이라는 사실을 깨달아야만 한다. 그는 마치 자신을 공정하게 대하지 않는 어머니의 사랑을 얻으려고 애쓰는 어린아이 같다. 남편이 아기를 원치 않는다고 해서 자신을 사랑하지 않는다고 믿는 아내도 마찬가지다. 서로에게 속았다고 느끼고 상대방의 좋은 면을 보지 못하고 있는 것이다.

누구에게나 분노할 수 있는 권리가 있듯, 용서할 수 있는 권리도 있다. 이럴 땐 속으로 혹은 소리 내어 이렇게 말해보면 큰 도움이 될 것이다.

"나는 그 사람을 사랑한다. 그 사람을 용서한다. 나는 행복해질 수 있다. 좋은 면만 생각하자."

용서한다는 것이 꼭 부정적인 상황을 받아들여야 한다는 뜻은 아니다. 오히려 그 반대다. 때로는 상대방에 대한 분노가 너무 커서 떠날 수가 없을 때도 있다. 분노는 강철처럼 단단한 유대감을 만들어서 두 사람 모두를 헤어질 수 없게 만든다. 그러나 용서와 축복은 두 사람 모두를 자유롭게 해준다.

어떤 사람과 함께든, 설령 혼자라 해도, 용서와 축복만 한 것은 없다.

🪑 돈과 사랑을 혼동하는 여자들에게

- 남자의 직업이나 경제력에 대해 묻거나 집착하지 마라. 그들이 준비가 되면 알아서 말해줄 것이다.

- 그가 속마음을 표현할 때 충분히 알아채고 고마워해라. 그리고 그에게 표현해라.

- 경제적으로 독립적인 모습을 보여줘라. 그는 당신이 스스로를 책임질 수 있는 독립적인 여성이라는 사실에 기뻐할 것이다.

- 자신의 욕망은 자신의 것이라는 사실을 알아야 한다. 남자가 그것을 채워줘야 한다는 생각은 버려라.

- 그와 동의한 내용을 당신의 사랑으로 바꿀 수 있다고 생각하지 마라. 두 사람이 협의한 내용을 존중해라. 그가 하는 말은 진심이다.

- 그가 받고 싶어 하는 방식으로 그와 공유할 수 있는 방법을 찾아라. 가장 좋은 출발점은 언제나 대화다.

- 당신의 마음을 억누르는 원인을 찾아라. 당신이 그에게 주기를 거부하는 것은 무엇인가? 또한 당신이 그에게서 받기를 거부하는 것은 무엇인가?

🪑 자신의 경제력 때문에 고민하는 남자에게

- 자신의 가치를 높이 평가해라. 남자의 가치는 내면에서 나온다. 스스로의 장점을 매일 열 가지씩 적어보자.

- 여자가 당신을 평가하려고 들면 거기에 휘말리지 마라. 한 걸음 물러나 그녀의 질문에 대한 솔직한 느낌을 이야기해라.

- 세상 모든 여자들이 돈으로 남자를 평가하진 않는다. 스스로에 대한 당신의 생각과 믿음이 그런 여자들을 끌어들이는 것이다.

- 남자로서 자신의 역할에 대해 책임감을 가져라. 부정적인 믿음이나 기대가 있다면 지금부터 바꿔라.

- 친구나 가족 중에서 긍정적인 관계를 이끌어가고 있는 롤 모델을 찾아라. 만약 없다면 영화나 책 속에서도 좋다. 마음속에 새로운 이미지를 채워라.

- 세상은 넓고 다양한 여자가 있다는 사실을 잊지 마라. 상투적인 틀에서 벗어나 다양한 집단과 공간 등에서 여자를 만나라.

6

가족,
어디까지 이해해야 할까

남자는 부모를 떠나 아내와 결합하여
비로소 한 몸이 된다.
– 마태복음

결혼생활에서 가족은 양날의 검과 같다. 부부에게 든든한 지원군이 되어줄 수도 있지만, 부부 사이를 혼란스럽게 하고 믿음을 깨뜨려 결혼생활을 끝장나게 만들기도 한다. 가족들은 암묵적으로, 심지어 노골적으로 두 사람에게 끊임없이 질문을 던진다. 누굴 더 사랑하는지, 누구한테 더 충실한지, 결혼 후 왜 소홀해졌는지.

이런 압력은 결코 무시하기 힘들다. 상대방이 부모의 요구에 지나치게 충실하면, 배우자는 소외감을 느끼면서 상대방을 믿지 못하게 된다. 때로는 "나야, 가족이야?"라고 질문을 던지면서 사랑의 증명을 요구하기도 한다.

때론 이렇게 외친다.

"당신이 아니라 당신 집안이랑 결혼한 것 같아!"

그렇다. 결혼은 당사자들만의 결합이 아니다. 하나의 가족 체계, 그리고 생활방식 전체가 합쳐지는 일이기 때문이다. 결혼이란 힘의 투쟁이며, 부부라는 새로운 단위에 맞게 우선순위를 다시 정하고 경계를 세우는 작업이다. 이 과정에서 문제가 생기면 배우자의 자존감에 심각한 상처를 입힐 수 있다.

자녀가 결혼하면 부모들은 흔히 '시원섭섭하다.'고 말한다. 자녀가 성장하여 독립한다는 사실이 기쁘고 뿌듯한 한편, 기존 가족 체계가 사라진다는 상실감도 함께 찾아오기 때문이다.

부모의 역할도 새로워진다. 건전한 가족들이라면 서로 용인 가능한 범위 내에서 두 사람을 받아들여야 한다. 모두에게 부담을 주지 않는 평형 관계를 만들어야 하는 것이다. 그래야만 부모의 상실감도 줄어들고 부부는 사랑과 지지로 똘똘 뭉칠 수 있다.

이 과정이 제대로 이루어지려면, 일단 부부가 자신들의 욕구와 가치관 그리고 책임감을 명확히 인식해야 한다. 결혼으로 인해 커다란 가족의 테두리 안으로 들어가는 동시에, 뚜렷한 주관을 가지고 자신들만의 가정을 꾸려야 한다는 뜻이다.

어디에서 살지, 본가에 얼마나 자주 갈지, 휴가는 누구와 같이 떠날지, 본가의 관습에서 어느 정도 벗어날 것인지 등 독립을 위한 투쟁은 결혼생활 내내 계속된다.

어떤 이들은 결혼이 곧 자신의 부모를 등지는 일이라고 여겨, 배우자보다 부모의 말을 무조건 우선시함으로써 부모에 대한 헌신을 증명하기도 한다. 이는 현명하지 못한 행동이다.

부모님과의 보이지 않는 신경전

자수성가한 테리는 정이 넘치는 예비 처가 식구들이 아주 마음에 들었다. 그가 핵가족 출신이기 때문이었다.

"처음에는 북적거리는 가족의 일원이 된 게 정말 좋았어요. 예비 장인어른과 처남들도 최고였죠. 전 형제가 많은 게 소원이었거든요. 남자들끼리 운동경기를 보러 가기도 하고 자주 만나서 시간을 보냈죠. 마가렛은 어머니와 무척 가까웠는데, 나중에 그게 문제를 일으킬 줄은 꿈에도 몰랐어요. 딸이라곤 그녀 하나였으니 장모님과 자주 만나고 여자들끼리 수다를 떠는 게 당연하다고 생각했죠. 당시엔 물론 장모님도 절 맘에 들어 하셨고요. 모두 절 기꺼이 가족으로 받아들이는 분위기였어요."

테리가 마가렛과 결혼하기로 결정한 이유는 그녀뿐만 아니라 그녀의 가족 때문이기도 했다. 어렸을 때부터 꿈꿔온 대가족의 일원이 될 수 있다고 믿었던 것이다.

"그런데 문제는 처가에서 저희 가족을 별로 좋아하지 않았다는 거예요. 그땐 대수롭지 않게 여겼죠."

미래에 일어날 일을 예고하는 복선은 언제나 현실 곳곳에 존재한다는 사실을 잊어선 안 된다. 남자들은 사랑에 빠지면 대부분 멍한 상태가 된다. 흥분과 설렘 때문에 다른 문제들이 전혀 눈에 들어오지 않는 것이다. 현재 상황을 냉정하게 평가하기보다는 사랑으로 모든 것을 극복할 수 있다고 생각한다.

"마가렛도 저희 가족을 불편해 했어요. 우리 식구들도 그녀에게 큰 관심이 없었죠. 그녀가 우리 가족들 앞에서 지나치게 말이 없어지는 이유가 그저 서로 너무 달라서라고 생각했어요. 마가렛은 우리 가족들에게 어쩜 그렇게 차가울 수 있냐고 서운해 했죠. 그런 집안에서 태어나지 않은 게 다행이라고까지 하더군요. 그 말을 듣기 전까지는 한 번도 내 가족에 대해 그렇게 생각해본 적이 없어요."

어떤 여자들은 자신이 남편의 1순위가 되기를 바라며, 그의 가족이나 친구들을 멀리하고 싶어 한다. 자신에게만 헌신하기를 바라고, 다른 사람과 남편을 공유하는 것을 견디지 못해 그의 가족마저도 경쟁자로 인식한다. 이는 대단히 위험한 신호다. 나중에 주변 사람들과 심각한 갈등을 야기할 수 있기 때문이다.

대부분의 남자들이 그렇듯, 테리는 결혼 전 그 민감한 문제에 대해 크게 관심을 기울이지 않았다. 자기 가족과의 관계가 위기에 놓일 줄은 꿈에도 몰랐던 것이다.

그러나 테리의 가족들은 직감적으로 그것을 감지했다. 마가렛뿐 아니라 처가 식구들에게 아들을 빼앗길 거라는 예감에 강력하게 결혼을 반대한 것이다. 그러나 그의 귀에는 아무런 충고도 들어오지 않았고, 둘은 서둘러 결혼식을 강행했다.

"신혼여행에서 돌아오자마자 문제가 터졌습니다. 마가렛은 아침에 일어나자마자 장모님께 전화를 걸고, 잠자리에 들기 전에도 통화를 하고, 심지어 밥 먹을 때조차 그랬어요. 둘이 아니라 셋이 사는 것 같았죠.

우리는 장모님의 허락 없이는 아무것도 할 수 없었어요. 아내는 주말에도 저와 시간을 보내지 않고 집에 갈 생각만 했죠. 장모님은 우리의 일거수일투족에 모두 간섭했고, 부부의 삶을 통제하려 했어요. 침대에서조차 거부당하자 전 정말 미쳐버릴 것 같았습니다."

마가렛은 결혼 후 끔찍한 분리불안을 겪고 있었다. 테리에게 '장모님'이라는 최악의 경쟁자가 생긴 것이다. 그녀는 스스로 어머니를 떠났다는 생각에, 자신의 사랑과 믿음을 남편에게 줄 이유가 없다고 느꼈다.

자녀를 진심으로 위한다면 자녀가 편안하게 독립할 수 있도록 도와주고 부부만의 시간을 보낼 수 있게 배려해야 한다. 부모가 자녀의 사랑을 배우자의 사랑과 맞바꾸려 한다면, 자녀의 결혼생활이 당연히 위기에 빠질 수밖에 없다.

테리는 마치 아내도 집도 없는 객식구가 된 기분이었다. 신혼집이 마치 처가의 별장이라도 된 것 같았다.

"처가에선 우리 가족들을 견디지 못했어요. 제가 가족들과 시간을 보내면 화를 내고 아내도 가깝게 지내지 못하도록 말렸죠. 마가렛은 우리 부모님을 점점 차갑게 대했고, 장모님과 함께 우리 가족에 대해 제 앞에서 험담을 하는 지경까지 이르렀습니다. 전 마음이 찢어지는 것 같았어요. 가끔씩 저까지 우리 부모님이 싫어질 정도였으니까요.

그런데 우리 가족들까지 합세하기 시작했어요. 저보고 결혼을 잘못 했다며 나무랐죠. 아내를 보호해야겠다는 생각도 들었지만 아내가 미워지기도 했어요. 아내와 가족 중 하나를 선택해야 한다는 극단적인 생각까지 들었어요. 상황이 갈수록 심해져서 결국 이혼을 고려하게 됐죠.

그런데, 아내가 갑자기 임신을 한 거예요."

테리의 경우는 양가 식구들이 부정적인 영향을 끼친 극단적인 사례다. 부부가 처음부터 양쪽 식구들과 우호적인 관계를 형성하지 못하면, 그 불균형은 부메랑처럼 돌아와 부부관계뿐 아니라 가족 모두에게 악영향을 끼친다.

테리는 따뜻한 대가족을 꿈꿨지만, 결국 아내와 제대로 된 가정을 꾸려보지도 못한 채 아내의 가족으로 집어삼켜졌다. 그는 무기력하게 정체성을 잃었고 그의 가족까지 위태롭게 됐다. 그러나 테리의 희생만으로 문제가 해결되진 않았다.

그는 마치 고아가 된 기분이었고 나쁜 사람이 된 것 같았다. 급기야 그로 인한 분노를 아내에게 표출하기 시작했다.

"지금은 그저 휴전 상태라고 부르고 싶네요. 저 혼자 아이들을 데리고 본가에 갑니다. 처음엔 아이들을 데리고 가지도 못하게 했는데, 제가 우겨서 그렇게 하고 있죠."

마가렛이 친정어머니에게서 벗어나 테리에게 부부관계의 권한을 넘겨줄 때까지 그들의 결혼생활은 회복되기 힘들 것이다.

테리는 아내와 처가에 맞서기 위해 강해질 수밖에 없었다. 그는 점점 자존심이 강해졌다.

"처가에 가는 횟수도 예전보다 줄었어요. 가끔씩 아내만 가고 전 집에서 TV를 보죠. 같이 가서 저 먼저 돌아올 때도 있고요. 처남들은 예전만큼은 아니어도 나쁘진 않아요.

하지만 장모님은 여전히 고압적인 성격이라 참을 수가 없네요. 만약 아내가 절 통제하려고 든다면 전 가만히 있지 않을 겁니다. 아내가 장모님처럼 되도록 내버려둘 순 없어요. 제겐 하루하루가 투쟁입니다.

우스운 이야기지만, 아이러니컬하게도 이런 상황을 겪으면서 제가 진짜 남자가 됐어요. 아내와 장모님에게 강한 모습을 보여야만 일이 더 매끄럽게 해결되거든요. 두 사람이 아무리 기가 세다지만 결국은 강인한 남성상을 기대하더라고요. 장인어른은 좋은 분이지만 항상 뒷짐 지고 물러나 장모님 마음대로 하게 놔두세요. 아마 제가 강한 모습을 보일 때마다 속으로 좋아하실 걸요.

시간이 좀 오래 걸리긴 했지만, 조금씩 해결되고 있어요. 솔직히 전 애들 때문에 사는 거예요. 아이들에겐 좋은 엄마지만 저에게 좋은 아내는 아니니까요. 전 아이들 없으면 못 살아요. 제 전부나 마찬가지죠."

안타깝게도 테리는 아내에게 받아야 할 사랑을 아이들에게 구하고 있다. 마가렛의 부모가 그랬던 것처럼 말이다. 둘의 문제는 끝난 것이 아니다. 아이들이 성장해서 그들 곁을 떠나면 공허감이 생겨 또다시 위기가 찾아올 확률이 크다.

새로운 구성원을 거부하는 가족

30대 후반의 기업가 랜디 또한 연애할 때는 상상하지도 못했던 갈등에 빠져 있다.

"조디와의 연애는 완벽했어요. 우린 모든 면에서 잘 맞는 천생연분이었죠. 당장 결혼하고 싶었어요. 마냥 행복했고, 이 사랑이 영원할 것만 같았죠. 그런데 결혼하자마자 분열이 시작됐어요. 도대체 왜 그렇게 된 건지 이해할 수가 없어요. 혼란스럽기만 합니다. 그녀가 변했어요. 전 계속 그녀를 탓했죠. 그녀뿐 아니라 나 자신도 변했다는 사실을 알았어야 했는데."

랜디는 연애 시절에 나타난 미세한 신호에 관심을 기울이지 않았다. 그는 약혼녀가 그를 가족의 일원으로 받아들이지 않는다는 사실에 별로 신경 쓰지 않았다. 막연히 시간이 지나면 괜찮아질 거라고 생각했다.

"조디는 결혼 후 제가 달라질 거라고 기대했나 보더군요. 여자는 남자가 바뀔 거라고 생각하면서 결혼을 해요. 남자는 자기가 절대로 바뀌지 않을 것을 알고 결혼하죠. 둘 다 바보들이죠.

결혼한 지 8년쯤 됐을 때, 아내가 장모님과 더 가까워지려고 노력한다는 걸 알게 됐어요. 연애할 때만 해도 둘이 각별하진 않았거든요. 그런데 결혼하고 나니 갑자기 애틋해진 걸까요. 아내는 저에 대한 사랑과 책임, 그리고 장모님에 대한 사랑과 책임 사이에서 줄다리기를 하기 시작했어요."

부모의 사랑을 잃을까 두려워한다는 것은, 부모와의 관계가 만족스럽거나 안정적인 것과는 거리가 멀다는 뜻이다. 어릴 적부터 부모의 사랑이 충분하지 못했거나, 노력해야만 얻을 수 있었다는 것을 의미한다. 일종의 '애정결핍' 같은 것이다. 그래서 어른이 된 후에도 부모의 사랑을 얻기 위해 노력하곤 한다.

"장모님은 저희 결혼을 반대했어요. 꼭 집어 저를 반대했다기보다 결혼 자체를 반대한 거죠. 저에 대해 나쁜 말을 하는 게 아니라 조디가 가족을 떠난 것에 대해 죄책감을 느끼도록 말씀하셨어요. 아내가 장모님을 더 이상 신경 쓰지 않는다는 식으로 말이죠.

결혼식 날도 처가 식구들은 전혀 협조적이지 않았어요. 우리 결혼이 별일 아니라는 듯 행동했죠. 오후 3시까지 결혼식이 진행될 예정이었는데, 정오가 되자 처가 식구들이 아내에게 '우린 이만 가봐야겠다.'고 하는 거예요. 결혼을 축하해주는 게 아니라 마치 슈퍼마켓에 장 보러 온 사람들 같았죠. 스물다섯의 젊은 여자가 결혼식 날 아침에 부모와 형제자매들에게 축하한다는 말 한마디 듣지 못했다고 생각해보세요. 정말 믿어지지 않는 상황이었죠."

조디의 가족들은 딸을 잃게 된다는 현실을 철저히 거부하고 있었다. 아예 없는 일처럼 행동함으로써 막아보려 했고, 형제자매 중 가장 먼저 결혼하는 그녀를 '가족을 떠나는 배신자'라고 여겼다. 그러니 결혼을 축하해줄 리도 없었던 것이다.

"전 행복한 신랑이고, 저희 가족들도 완전히 들떠 있었죠. 조디를 진정한 가족의 일원으로 받아들였어요. 당연히 처가 식구들에게도 그런 반응을 기대했고요."

문제 가정에서 자란 아이들은 가족의 행동을 비교해볼 대상이 없기 때문에, 특이한 행동을 정상적인 행동으로 받아들여버린다. 평범한 가정에서 자란 사람이 이런 가정에 들어간다는 것은 쉽지 않은 일이다.

"처음엔 계속 아내를 탓했어요. 하지만 지금 생각해보니 저도 확실히 변한 것 같아요. 예전엔 그 사실을 인정할 수 없었죠.

이런 게 결혼이라면 하지 않았을 겁니다. 결혼은 창살 없는 감옥이라더니 사실이에요. 난 속았어요. 남들이 하는 얘기는 우리와 상관없다고 생각했는데. 결국 우리도 어쩔 수 없었어요.

아내를 만나기 전에 결혼까지 갈 뻔했던 여자 친구가 있었는데, 그녀의 어머니는 저에게 세상에 이런 남자는 없을 거라고까지 얘기했고, 그 가족들 모두 절 환영해줬어요. 하지만 지금은 달라요. 그래서 정말 슬픕니다.

처가 식구들은 겉으로는 중립적인 척하지만 속으론 모두 부정적이죠. 지금은 처가와 연을 끊은 상태입니다. 우리 결혼생활을 지키기 위해선 어쩔 수 없는 선택이었어요. 우리도 그렇게까지 하려고 했던 건 아니었어요. 하지만 아무리 노력해도 안 됐어요. 처가에서 계속 저를 미워하고 아내를 빼앗아가려고 했으니까요."

랜디 부부의 경우 가족과의 문제가 극단적으로 변질된 드문 사례다. 가족상담의 기본 방침 중 하나는 부부 중 한 사람을 일방적인 '환자'나 '희생양'으로 보지 않는다는 것이다. 대부분의 문제는 전체적으로 포진되어 있는 경우가 많기 때문이다.

그러나 조디네 가족의 경우 자신들의 가족 체계를 공고히 하기 위해 엄청난 공모가 이루어지고 있었다. 그 체계에는 랜디와 같은 새로운 구성원을 받아들일 공간이 없다. 특히 힘과 신의의 균형을 깨뜨리는 사람, 그들의 기존 생활방식을 의심하는 사람이라면 더더욱. 그들이 보기에 랜디는 무너뜨려야 할 대상이었다. 하지만 랜디는 아내와 자신의 역할을 지키기 위해 강인하게 맞섰다. 긍정적이고 따뜻한 가정에서 자란 그는 비관적인 상황에도 용감해질 수 있었다.

"아내와 제가 자란 가정환경은 극과 극이에요. 우리 가정은 굉장히 화목한데 처가 분위기는 정반대죠. 아내도 연애 시절엔 우리 가족들을 좋아했지만 결혼 후 생각이 바뀌었어요. 분노와 질투심 비슷한 감정이었죠. 자기가 가지지 못한 것을 나만 가지고 있으니까요. 자신이 얼마나 불우하게 컸는지 깨닫고 그 사실을 받아들이기 힘들어 했고, 그 분노의 화살은 전부 저를 향했죠."

사람은 배우자의 가족으로부터 더욱 큰 사랑과 지지를 받을 경우, 자신의 가족에 충실하지 못하다고 느낀다. 괜히 부모를 거부하는 것 같고 자신이 부모로부터 받지 못했던 것들을 하나 둘씩 비교하고 인식하게 된다. 이는 매우 오랫동안 억눌려 있던 기억들을 상기시키므로 대단히 고통스러울 수 있다.

"아주 오래 힘들었지만 아내나 저나 이혼만은 피하려고 했어요. 그때 부부상담을 받은 게 큰 도움이 됐어요. 서로의 가족에 대해 조금이나마 이해하게 되면서 상황이 나아졌죠.

그런데 2년 후 조디가 정말 자기 가족들과 인연을 끊으려 하자 처가에서 난리가 났어요. 그래도 우리는 우리 뜻을 굽히지 않았죠. 정말 슬프고 힘들었습니다."

가족과의 단절은 마치 사형 선고처럼 느껴지기 때문에 본인에겐 매우 힘든 일이다. 조디가 가족들에게 부부관계의 중요성을 주장하기 시작하자 가족들의 잠재적인 분노와 소유욕, 경쟁심 등이 폭발했다. 조디의 가족처럼 심각한 밀착 관계가 형성된 가족 체계는, 분리나 도전을 견디지 못한다.

"하지만 아내나 저나 홀가분하기도 했어요. 만약 처갓집과 인연을 끊지 않았다면 우리 부부는 벌써 헤어졌을 지도 모릅니다.

그런데 재미있는 소식이 있어요. 조디의 언니가 2~3년 전에 결혼을 했는데 우리와 똑같은 문제를 겪은 거예요. 처형은 이제 우리가 겪었던 상황을 이해하고 자신이 어떤 역할을 했는지도 알게 됐죠. 우리 부부가 결혼 후 8년 동안 겪었던 끔찍한 상황에 처형도 일조한 셈이었으니까요.

우리 부부를 상담했던 카운슬러가 이런 말을 하더군요. '적의 적과는 친구가 될 수 있다.'고 말이에요. 조디와 처형은 40년 만에 우애 있는 자매가 되려고 노력 중입니다.

제 경우엔 남녀 모두 똑같이 노력해야 한다는 사실을 깨닫는 게 중요했어요. 가만히 앉아서 상대방을 비난하기만 하면 아무것도 해결되지 않아요."

물론 랜디도 수없이 아내를 떠나려고 했었다. 하지만 그럴 때마다 자신이 아내를 무척 사랑하고 있다는 걸 깨달았다. 그가 보여준 인내심과 용기는 사실 대단한 것이다. 스스로 성장하고자 하는 욕구, 그리고 자신에게 일어난 일을 올바르게 파악하려는 이해심을 갖고 있었기에 때문에 가능했다. 그는 모든 인간관계엔 노력이 필요하다는 사실을 알게 됐고, 자신이 원하는 방향으로 상황을 변화시키기 위해 도전했다.

"겉으로 보이는 행동만으로는 문제를 해결할 수 없어요. 남자들은 대개 여자가 좋아할 만한 일을 한두 가지 한 다음, 여자가 만족하지 않으면 실망하죠.

예를 들어 아내에게 아름다운 보석을 선물하면 그 효과가 오래 갈 거라고 기대해요. 당분간은 아무것도 해주지 않아도 된다고 생각하는 거죠. 하지만 현실은 그렇지 않아요. 다음날 또 뭔가를 해줘야 하죠.

값비싼 반지를 선물하는 것보다 매일 아내에게 입맞춤을 해주는 게 더 중요할 때도 있어요. 때론 부부가 함께 머리를 맞대고 상의하는 것도 필요하고요. 아내를 탓하지 말고 내가 어떻게 해야 관계가 나아질지를 생각해야 해요. 그러면 아내도 덩달아 마음을 활짝 열게 됩니다. 그것이 바로 관계 개선의 실마리죠."

내 남자의 가족이 맘에 걸리는 여자에게

• 가족과 문제가 생길 조짐이 보이면, 결혼 전에 그에 대해 충분히 대화를 나눠라. 기본적인 규칙을 같이 세우고 상대방이 불편해하지 않도록 도와주어라.

• 결혼하고 나면 가족이 아닌 배우자가 당신의 우선순위라는 사실을 잊지 마라.

• 내 부모를 위하는 만큼 배우자의 부모도 존중해라.

• 모든 가족 구성원과의 대화가 가장 중요하다.

• 갈등이 심한 경우 가족상담도 도움이 된다.

당신의 여자가 부모에게서 벗어나지 못한다면?

• 결혼 전 아내와 처가와의 관계를 진지하게 파악해라. 그녀와 당신의 가족과의 관계 역시 살펴보자. 미리 관심을 기울일수록 문제를 예방할 수 있다.

• 결혼하기 전에 양가 가족과 보내는 시간이나 휴가 계획, 자녀 양육 등에 관한 문제를 가족들과 미리 상의해라. 의견 차이가 크다면 미리 조율해야 한다.

• 아내가 부모에게서 벗어나기 어려워한다거나, 또는 당신에게 이런 문제가 있다면 함께 상담을 받아보도록 해라.

• 아무리 열심히 노력해도 결혼 후에 관계가 변하는 건 당연하다. 인내심을 갖고 애정 어린 대화를 계속해라.

• 또한 변화에 대한 책임을 받아들여라. 상대방을 탓해서는 해결되는 게 없다.

7

소년으로 돌아가고 싶어 하는
중년들

> 나만이 내 인생을 바꿀 수 있다.
> 아무도 날 대신해줄 수 없다.
> – 캐롤 버넷Carol Burnett

중년의 위기는 제2의 사춘기라 해도 좋을 만큼, 심리적인 혼란과 자아탐구 과정, 불안감을 동반한다. 앞에서 언급한 첫사랑에 대한 망령도 특히 중년에 되살아나는 경우가 많다. 이때 남자들은 자신이 더 이상 혈기왕성한 젊은이가 아니며, 인생 자체가 영원하지 않다는 사실을 깨닫게 된다. 인생의 목적을 재평가하는 시기이며, 자기 성찰의 시기다. 한 사람의 영혼이 처음 온 곳으로 돌아가기 전에, 자신의 위치를 통렬하게 깨닫는 때이기도 하다. 이 시기를 기회 삼아 자신이 세상에 어떤 기여를 하고 있으며, 타인과 어떤 관계를 맺고 있는지 돌아보기도 한다.

또 오랫동안 가슴속에 묻어왔던 꿈을 실현하고 싶어지며, 그동안 지켜온 삶의 가치에 근원적인 의문을 품게 되는 시기다. 유대교의 랍비 힐렐Hillel이 말했듯 "지금이 아니면 언제 하겠는가?"라는 마음가짐이 생긴다. 자기 자신에게 솔직하면서 더욱 가치 있는 삶을 영위하기 위해 노력하는 것이다.

그런가 하면 두려움과 무기력함을 느끼는 사람도 있다. 충분히 경험해보지 못한 일이나 만족스럽지 못했던 기억들이 끊임없이 되살아나고, 불만스러운 관계에 대한 인내심도 바닥난다.

또 '연령퇴행' 현상을 보이기도 한다. 앞으로 나아가는 대신 오히려 과거로 돌아가 철없는 소년처럼 세상을 대하려고 하는 것이다. 그래서 이 시기에 잃어버린 젊음을 찾는다는 핑계로, 젊은 여자 때문에, 혹은 무기력해지는 자신의 힘을 붙잡기 위해 아내와 가족을 떠나는 남성들이 의외로 많다.

제럴드 엡스타인 박사에 따르면, 대부분의 남성은 아내나 가족을 버리는 것에 대해 엄청난 죄책감을 느끼므로, 결혼생활을 유지하기 위해 최대한 자제력을 발휘한다. 그러나 일부 남성들은 고통스러움을 참고 관계를 유지하려고 애쓰다가 결국 실패하기도 한다는 것이다.

중년의 위기를 겪는 동안 남성은 곁에 있는 상대에게 소홀해지기 쉽다. 그래서 남성에게 매우 위험한 시기이지만, 어떻게 대처하느냐에 따라 기회의 시기가 될 수도 있다. 자신이 미처 깨닫지 못했던 자아를 발견하는 기회 말이다.

많은 남성들이 자신의 정체성을 무언가를 소유하거나 경쟁에서 이기는 것으로 증명하기 때문에, 나이를 먹는다는 사실 자체를 두려워한다. '만약 내가 더 이상 젊지도, 외모가 출중하지도, 혈기 왕성하지도, 건강하지도 않으면 어떻게 될까? 여전히 내가 가치 있고, 사랑받을 수 있을까? 혹시 내팽개쳐지진 않을까?' 따위의 염려에 사로잡히는 것이다.

이처럼 자아의 상실 즉 심리적인 죽음은, 육체적인 죽음에 대한 상실감보다 한층 더 크게 다가온다.

사춘기보다 무서운 중년의 위기

미용실을 운영하는 잘생기고 건장한 40대 후반 레니의 말을 들어보자.

"저도 나이를 먹으면서 매력이 떨어지는 게 두려웠어요. 지금은 열네 살 연하의 아내와 재혼한 지 6년이 됐죠. 우린 행복해요.

첫 번째 결혼이 실패한 이유는 아주 복잡해요. 나이가 들면 내게 시간이 별로 없다는 느낌이 들기 때문에, 더 이상 머리 아프게 살고 싶지가 않아요. 지금까지 할 만큼 하고 살았기 때문에 피곤한 거죠. 아내는 예전 그대로인데 남자 쪽에서 지쳐버립니다. 상대가 나와는 맞지 않는다고 판단하게 되죠. 제 경우가 그랬어요.

꽤 젊은 나이에 결혼했는데, 그래서인지 우리 부부에 대한 양가의 간섭이 심했어요. 아내는 항상 불행했죠. 부정적인 말들만 계속 듣다 보면 저 또한 스스로 뭔가 잘못한 것 같은 생각이 들어요. 늘 불행한 아내가 있는 집에 들어가는 건 정말 고역이에요."

중년의 위기는, 대부분의 남성들이 '더 이상은 버틸 수 없다.'고 느낄 때 찾아온다. 얼마 남지 않은 인생을 이 상태로 살아야 한다는 사실을 참을 수 없는 것이다. 그럴 땐 일단 떠나는 것 외에는 방법이 없다.

"아내가 하루에 두어 시간이라도 일을 하거나 외출을 하는 게, 결혼생활을 유지하기 위한 최선책이에요. 첫 번째 결혼 땐 아내와 맞벌이를 했던 3년 동안이 가장 행복했어요. 아내가 일을 그만 둔 후론 사이가 틀어지기 시작했죠. 저는 사회생활을 하면서 새로운 사람들을 만났고, 새로운 환경에서 많은 것을 배웠죠.

집에만 있으면서 아이들 이야기밖에 할 줄 모르는 여자는 지루해요. 밖으로 좀 나가서 세상 돌아가는 것도 알고 사람들도 사귀면서 자신을 가꿔야 대화거리가 생기죠. 안 그러면 결혼생활 자체가 원만할 수 없어요. 마치 김빠진 콜라 같아요. 아내가 전혀 꾸미지 않으면 성적인 매력도 줄어들죠. 살이 찌기도 하고요. 여자는 나이를 먹어도 가꿔야 해요. 이건 정말 중요합니다.

제가 미용실을 운영하면서 느낀 건데, 아내가 미용실을 다니면서 가꾸는 부부들은 늘 행복해 보입니다. 남편이 집에 돌아와 아름다운 아내를 보면서 '한눈 팔면 안 되겠다'고 생각하는 거죠. 하지만 아내가 푹 퍼져서 푸석푸석해지면 남편은 한눈을 팔기 시작합니다. 남자들은 어쩔 수 없어요. 남편 퇴근 전에 향수를 살짝 뿌린다거나 화장을 조금만 해도, 남편의 눈이 달라질 겁니다. 작은 노력이 부부관계를 좌우하는 거예요. 이러한 노력은 아직 상대가 의미 있는 존재임을 뜻하는 것이기도 하죠."

레니는 남녀 모두 외모를 가꾸고 성적 매력, 자아 존중감, 정체성을 향상시키기 위해 자신을 관리해야 한다고 강조한다. 서로 매력을 잃으면 중년의 위기가 왔을 때 부부 사이에 큰 위험이 닥칠 수 있다. 남자는 언제나 새로운 것을 원하기 때문이다.

"재혼한 아내와는 사이가 좋습니다. 아내가 아주 느긋한 성격이에요. 전 이런 편안한 관계가 좋아요. 스트레스를 안 주니까요. 제가 무슨 물건을 사면 아내는 잘 했다고 칭찬해주죠. 이런 점이 좋은 거예요. 그런 걸 뭐 하러 샀냐느니, 자기한테는 왜 돈을 안 쓰냐느니 그런 잔소리를 안 하거든요."

다행히 레니는 자신의 모습을 솔직하게 보일 수 있고, 자신에게 여유로움을 선사해주는 여자를 만났다. 그래서 구속받는 느낌도 없고 한눈 팔 필요도 느끼지 못한다.

레니는 자기보다 한참 어린 여자에게 끌린 이유를 다음과 같이 설명한다.

"있는 그대로의 싱그러운 아름다움이 좋았어요. 젊음 하나만으로 신선하고 흥미진진하죠. 젊은 여자들도 나이 많은 남자를 좋아해요. 또래 남자들은 이기적이고 여자를 이겨먹으려 하거든요. 남자들이란 원래 이기적인 동물이에요. 특히 30대 중반까지는 완전히 제멋대로죠.

여자는 원래 남자보다 성숙하기 때문에 나이 차이가 많이 나야 정신연령이 비슷해져요. 나이 많은 남자들은 경제적으로도 비교적 안정되어 있기 때문에 여자들을 보살펴줄 수 있고요. 어린 여성은 모든 걸 해줄 수 있다는 이유에서 나이 많은 남자를 선호하고, 남자는 젊고 예쁘며 자신감을 북돋워준다는 이유로 어린 여성을 좋아하는 거죠."

레니의 말처럼 남성의 깊은 내면에는, 또래집단에게뿐 아니라 상대 여성에게 우러러 보이고 싶고 인정받고 하는 욕구가 존재함을 알 수 있다. 특히 자아의식이 흔들리는 시기일수록 자기 자신과 자신이 이룬 것들을 높이 평가해줄 여자를 찾게 된다.

그러나 안타깝게도 이 시기에, 오랫동안 함께 산 아내의 눈에는 남편의 부족한 점만 들어온다. 아내는 남편에게 매일 무언가를 지적하여 잔소리를 하고, 남편은 점점 참아내기 어려워져 자꾸만 밖으로 돌게 된다.

"전 내일모레면 50대고, 아이들도 곧 대학을 졸업하기 때문에 이젠 인생을 즐기며 살고 싶어요. 물론 아내와 나이 차가 많이 나면 안 좋은 점도 있죠. 서로 인생의 다른 단계를 지나고 있으니까요. 전 더 이상 가족이 늘어나는 건 원치 않아요. 이혼도 해봤고, 돈도 많이 잃었어요. 아이들을 키우려면 돈이 많이 들죠. 이젠 아내와 여생을 즐기고 싶습니다.

아내도 나름대로 즐겁게 살았으면 좋겠어요. 남자가 일정한 나이가 되면, 젊을 때 하던 행동은 더 이상 하고 싶지 않아져요. 아내가 클럽에 가서 춤을 추거나 다른 좋아하는 일을 하는 걸 말리고 싶진 않아요. 저도 춤추는 건 좋아하지만 클럽의 자욱한 담배 연기를 참아가며 새벽 4시까지 노는 건 못할 짓이더라고요. 그래서 전 아내에게 같이 가고 싶은 사람과 가서 스트레스를 풀고 오라고 하죠."

어린 아내가 하고 싶은 대로 하게 내버려 두는 레니의 자신감은 사실 흔한 것은 아니다.

"전 질투심 많고 소유욕 강한 사람들, 별로예요. 그런 사람들은 옳지 못한 일을 하게 될 확률이 높고, 상대방도 그렇지 않을까 의심하는 경향이 있어요. 전 제 아내를 믿습니다. 혼자만의 시간을 보내고 오면 절 더 사랑해주죠. 억압당하는 느낌이 없으니까요. 상대방에게 자기만의 공간을 주는 게 중요해요."

제럴드 엡스타인 박사는 서로에게 자기만의 인간관계를 맺고 자신이 하고 싶은 행동을 자유롭게 할 수 있도록 배려해주는 게 중요하다고 말한다.

"여자들은 남자들이 자신의 모든 부분을 만족시켜주길 바랍니다. 하지만 아무리 사랑한다 해도 그건 거의 불가능에 가깝죠. 밖으로 나가 특정 영역의 욕구를 채울 수 있다면, 굳이 남편에게 기대지 않고도 자기만의 자유로움을 만들어갈 수 있습니다. 물론, 성적인 경계는 넘지 않는다는 전제 하에 말이에요.

여자들이 다양한 관계를 맺는 것은 대단히 중요합니다. 특히 다른 남자들과 우정을 맺으면, 남편을 더 잘 이해할 가능성이 높아집니다. 그렇지 않으면 아내가 남편을 압박하게 되고, 남편은 인내심의 한계에 이르거나 한눈팔게 될 확률이 커지죠.

레니의 아내 자랑은 이어졌다.

"첫 번째 결혼 때는 친구들과 낚시도 못 갔어요. 마치 감옥에 갇힌 기분이었죠. 지금 아내는 친구들과 놀다 늦게 들어오면 '재미있었어요?' 하고 물어요. 제가 즐거운 시간을 보내서 아내도 기분이 좋은 거죠."

레니는 첫 번째 결혼에서 얻은 교훈을 바탕으로, 보다 생기 넘치는 결혼생활을 하고 있다. 부부가 서로 존중하며 자신들만의 공간을 인정해준다. 변화가 이뤄낸 긍정적인 결과다.

나이 들기를 거부하는 자유로운 영혼

뛰어난 재능과 출중한 외모를 갖춘 예민한 예술가 폴은, 40대 초반에 심각한 중년의 위기에 맞닥뜨린 경우다.

"어렸을 때는 무기력할 정도로 내성적인 성격이었어요. 성적인 매력이라고는 전혀 없었고, 심하게 수줍음이 많아서 보통 10대들이 해보는 경험을 하나도 못해봤습니다. 그러다 어느새 마흔이 넘었고, 미대 대학원에 가야겠다는 결심을 하게 됐죠. 시간을 거스르는 일이라는 걸 알았지만 더 늙기 전에 꼭 하고 싶었습니다.

대학원에 입학하고 나니 젊은 사람들과 자주 어울리게 됐어요. 당시 두 번째 아내와 이혼을 하고 혼자인 상태였고, 동거하는 여자 친구가 있었죠. 그녀는 뉴욕으로 통학했기 때문에 저와 함께 살기 위해 그녀가 많이 희생했어요. 멋지고 아름다운 여자였고, 결혼 얘기도 오갔어요.

그러나 전 왠지 모를 불안감에 시달리기 시작했습니다. 심리치료사가 그러더군요. 제가 '착한 남자'라서 그저 수순에 따라 결혼을 결정한 거라고요. 내가 좋은 남자가 되려면 그녀와 결혼해야만 한다고 생각했던 거죠."

엡스타인 박사는 다음과 같이 말한다.

"남자들은 보금자리를 트는 순간, 자유를 잃어버렸다고 생각합니다. 결혼생활에 자유가 존재할 수 없다고 믿는 거죠. 결혼은 새로운 질서를 가져오고, 가족과 함께 뭐든 공유하고 희생해야 하기 때문입니다. 남성에게 정신적인 제약이란, 신체적인 구속과 마찬가지에요."

그러나 폴의 경우 사방에 유혹이 널려 있었다. 가장 큰 유혹은 바로 '잃어버린 젊음을 되찾는 기분'이었다. 엄밀히 말해 그는, 안정적이고 책임감을 요하는 관계를 맺기는 불가능한 시점이었다. 중년의 방황이 그에게 정반대의 매력, 즉 끝없이 다양한 경험과 즐거운 모험이라는 욕망을 선사한 것이다.

"잃어버린 지난날을 보상받을 기회라는 생각이 들었어요. 그런데 여자 친구가 그걸 가로막고 있었던 거죠."

아내나 애인을 인생의 방해물로 여기는 남자들이 많다. 이는 두 사람의 관계가 꼭 좋지 않아서라기보다, 그저 남성들에겐 모든 제약에서 벗어나 자유로웠던 소년 시절로 돌아가고 싶은 욕구가 있기 때문이다. 이런 상황에서는 책임이 따르는 그 어떤 관계도 방해가 될 수밖에 없다. 어찌 보면 몹시 이기적인 것이지만, 남자들의 시각에서 보자면 자아를 다시 정립하고, 새로운 삶의 방향을 찾고자 하는 욕구로 해석할 수 있다.

"그녀가 너무 좋았는데도 그런 생각이 들었어요. 정말 멋지고 똑똑한 여자였지만, 전 그녀를 제 인생에서 '제거'해야만 했습니다. 그녀가 결혼 날짜를 잡자고 했어요. 처음엔 준비가 안 되었다고만 말했어요. 아이를 갖고 싶다는 그녀의 말에, 그동안 해왔던 일들을 그대로 되풀이할 수도 있겠다는 생각이 들더군요. 전 이미 아이가 하나 있었거든요. 그러자 절 구속할 여러 가지 일들이 차례로 떠오르면서 답답해졌어요. '난 인생을 언제 즐기지?' 제 안에 있는 10대의 자아는 놀고 싶어 했어요. 꼭 그래야만 했어요."

이처럼 성장기를 제대로 경험하지 못했던 남성의 경우, 과거가 현재의 욕구를 지배할 수 있다. 어른이 되고 나서야 자신의 욕망을 마음껏 펼쳐볼 기회가 온 것이다. 이 강렬한 욕구가 이성적인 판단을 무의미하게 만든다. 내면의 욕망이 현실 관계를 압도해버리기 때문이다.

"대학원에 다니면서 온통 젊은이들에 둘러싸여 지냈어요. 조카뻘 되는 아이들이었고 자유롭고 활기찬 분위기였어요. 그저 재미있다고 생각했죠. 마치 놀이공원에 온 것 같았어요. 모든 것이 자극적이었고 학교 다니는 게 정말 즐거웠습니다. 제가 내린 선택이었으니까요.

여자 친구는 뭔가 잘못되어 간다는 걸 느꼈지만 시간이 지나면 나아질 거라고 생각했겠죠. 그러다가 제가 어린 아시아계 여성에게 반해버렸습니다. 수업이 끝나고 그녀와 늦게까지 술을 마셨죠. 어느 날 밤, 그녀를 우리 집으로 데려왔어요. 여자 친구가 집에 없는 날이어서 커피 한잔 하려고 했죠.

우린 이집트 음악을 들으며 많은 이야기를 나눴어요. 특히 '오르가슴'에 대해서요. 전 죽음이야말로 궁극적인 오르가슴이라고 말했죠. 대화가 잘 통했어요. 한참 후 그녀가 집에 가기 전에 제 방을 구경하겠다고 했죠. 그런데 그녀가 갑자기 '침대에 누가 있어요!'라고 소리치는 겁니다. 들어가 보니 여자 친구가 거기 있는 거예요. 우리가 나눈 대화를 전부 엿들은 거죠. 전 너무 놀랐지만, 서둘러 떠나는 그녀를 태연하게 배웅했죠.

여자 친구는 왜 유혹적인 음악을 틀어놓고 오르가슴에 대한 이야기를 나눴느냐고 묻더군요. 전 평범한 대화였다고 했어요. 남자와도 나눌 수 있는 대화라고. 하지만 그녀는 더 이상 저를 믿지 않았죠. 우리 사이의 믿음이 깨진 거예요."

폴에게 새로운 그녀가 여자 친구만큼 소중한 존재였던 것은 아니다. 그러나 그에게 '누군가에게 반하는 것'은 꼭 필요한 욕구였다. 무의식적으로 그는 청소년기로 되돌아가 있었던 것이다. 그 시기에는 한 사람을 향한 의무와 신뢰를 그다지 중요하게 여기지 않는다. 그보다는 탐구와 실험의 욕구가 우선이기 때문이다.

"몇 주 후, 학교 친구들과 이야기를 나누는데, 그들은 결혼보다 일과 예술 활동이 더 중요하다고 하더군요. 결혼을 하게 되면 당연히 예술 활동에 방해가 될 거라고요."

폴의 젊은 친구들은 그에게 어떤 것에도 방해받지 말고 자유롭게 예술에 대한 꿈과 이상을 펼치며 살라고 조언했다.

"여자 친구에게 떠나달라고 했습니다. 무자비한 짓이었죠. 하지만 시간만 끌면서 거짓된 약속을 하는 게 더 나쁘다고 생각했어요. 그녀는 많이 울더군요. 크게 충격을 받은 것 같았어요. 주말에 같이 여행을 갔는데 내내 울기만 했어요. 그녀에게 고통을 주는 게 마음 아팠지만, 지금 해결하지 않으면 더 나빠질 거라고 판단했습니다.

후에 그녀는 새 남자 친구를 사귀었어요. 평소 친하게 지내던 친구였죠. 지금은 두 사람이 같이 살고 있는데 서로 아주 잘 맞아요. 그러고 보면 잔인한 게 꼭 나쁜 것만은 아닌 것 같아요.

어쨌든 그녀가 떠난 뒤 제겐 새로운 세상이 열렸습니다. 일주일에 네 명의 여자와 데이트를 하기도 했어요. 마치 제가 모든 여자에게 성적 매력을 발산하는 것 같았죠. 제 몸 안에 파묻혀 있던 자신감이 깨어났어요.

후회는 없지만, 때론 내가 바보처럼 느껴지기도 해요. 하지만 전 어린 여자들이 좋고 그녀들도 절 좋아하는 것 같아요. 그 나이 때 또래 여자들과 어울렸어야 했는데, 당시엔 지나치게 억눌려 있어 엄두조차 못 냈었거든요. 지금이라도 하게 되어 기분이 좋습니다."

폴은 트라우마로 남았던 어린 시절을 다시 연기함으로써, 자신의 성적 매력을 새롭게 발견하고 나이가 들면서 생기는 상실감과 우울함을 날려버렸다.

"전 자신감이 생겼습니다. 한 여자만으로는 제 굶주림을 채울 수 없었어요. 제 마음에는 방이 여러 개 있는 것 같아요. 서로간의 갈등을 피하고 누군가를 배신한다는 생각이 들지 않도록, 모든 여자를 각자의 공간에 집어넣었습니다. 그 공간에서만큼은 그녀가 유일한 제 사랑이죠. 그래서 전 여러 여자를 만나면서도 바람을 피우고 있다는 생각은 안 들었어요."

이처럼 무의식적인 욕구가 충족되려면 엄청난 에너지와 노력이 필요하다. 이때 남자들은 죄책감을 피하고 현실적인 갈등을 멀리하기 위해 온갖 방법으로 자신을 합리화한다. 이처럼 소용돌이 같은 욕구에 휩싸여 있는 남자는 매우 위험하다.

"제가 만나는 여자들은 이 사실을 알고 기분 나빠 했어요. 특히 제게 푹 빠져 있던 한 여자는 심하게 배신감을 느꼈어요. 자신이 받은 상처를 극복할 자신이 없다더군요. 그때 그녀가 다른 친구와 통화하면서 저를 '애인'이라고 지칭해서 놀랐던 기억이 나네요. 갑자기 구속당하는 느낌이 들었거든요.

지금 생각해보니 전 잃어버린 시간을 되찾기 위한 여행을 하고 있었나 봐요. 모든 여자를 제 욕구를 충족하기 위한 도구로만 여긴 거죠. 고작 스물셋인 그녀에게 상처를 줘서 저도 마음이 아픕니다."

당시 폴은 현실 파악 능력이 결여된 '연령퇴행' 상태였다. 그렇기 때문에 6개월이나 만난 남자를 '애인'이라고 지칭하는 것이 자연스러운 일이라는 사실을 깨닫지 못했던 것이다.

어떤 남자들은 1~2년 후 서서히 꿈에서 깨어나고, 어떤 남자들은 다른 여자를 사귄 뒤 원래의 아내와 가족들을 그리워하면서 현실 감각을 찾기도 한다. 대부분 이미 너무 늦어버린 상태에서 후회와 자기혐오에 휩싸인다. 이렇게 자신에게 무슨 일이 일어나는지 파악하지 못하고 일단 저지르고 본다면 곤란한 상황에 빠지게된다.

중년의 위기는 여러 관점에서 논의되고 해석되고 있다. 중년의위기에 대해 오래 연구한 셸윈 밀스 박사는 약간 다른 관점을 내놓는다.

"중년은 뭐라 규정하기 복잡한 시기이며, 자신의 인생에 피로와 지루함, 큰 실망감을 느끼는 시기입니다. 중년기를 가장 잘 표현할 수 있는 말은 바로 '환상'입니다. 인간은 자신의 인생을 설명하기 위해 틀을 만들고, 그 틀 안에서 살아간다는 환상 말이죠. 우리 자신은 좀처럼 인식하지 못하지만, 그 환상은 하나의 믿음 체계로서 우리에게 안정감을 줍니다.

커서 운동선수가 되고 싶은 한 소년은 미래에 운동선수가 된 자신의 모습만을 상상합니다. 그리고 대학생이 되었을 즈음에는 의사나 변호사 등 자신이 꿈꾸는 현실적인 미래를 생각하죠. 그것이그에게 새로운 세상의 틀이자 환상입니다. 좀 더 나이를 먹으면결혼해서 가정을 꾸리는 새로운 환상을 갖게 됩니다.

그가 50세가 되었다고 가정해봅시다. 이젠 직장도 있고 아내와자녀도 있습니다. 그런데 어느 날인가부터 인생이 허무하게 느껴집니다. 지금까지 그가 쌓아온 틀이 불안감을 없애주기에는 부족하기에, 뭘 하든 우울하고 지루하며 무관심한 거죠.

환상이 사라지면, 새로운 환상을 만들기 위한 온갖 종류의 유혹이 등장하죠. 인간은 환상에서 환상으로 옮겨갈 수밖에 없는 존재입니다.

그러나 이 과정이 매끄럽고 현명하게 이루어진다면, 위기는 찾아오지 않습니다. 인생이 환상의 연속이며, 결국은 우리 모두 일정한 틀 안에서 살고 있음을 깨닫게 되는 거죠. 더욱 현실적이면서도 발전적인 '환상'을 만들어내면 됩니다. 나와 타인 사이에 환상이 존재할 수 있다는 가능성을 알게 되면, 집착과 판타지를 모두 없앨 수 있습니다."

중년의 위기는 현명하게만 대처한다면 오히려 삶의 질을 높여줄 수 있다. 이를 통해 엄청난 성장을 할 수 있고, 과거에 한 번도 보지 못했던 자신의 모습을 발견할 수도 있다.

반면 자신이 지금까지 만들어온 '틀'을 비난하고 밀어내려고만 한다면, 뜻하지 않은 상처를 초래할 수도 있다. 누구에게나 찾아오는 이 힘든 시기를 잘 헤쳐 나가기 위해서는 인내심과 지혜, 스스로에 대한 연민과 이해가 필요하다.

🪑 중년의 남자들, 어떻게 바라봐야 할까?

- 이때가 남자들에게는 피할 수 없는 혼란과 변화의 시기임을 이해해야 한다.

- 그가 죄책감을 느끼지 않고 자신의 모습을 객관적으로 바라볼 수 있도록 충분한 공간을 주어라. 그의 변화와 불만족이 꼭 당신을 사랑하지 않는다는 뜻은 아니다.

- 자기 자신을 최대한 존중해라. 좋아하는 일을 하고 좋은 사람들을 만나면서 바쁘고 충만한 나날을 보내라. 그는 평소처럼 당신과 많은 시간을 보낼 수 없을지도 모른다. 그것을 거절의 의미로 받아들이지 마라.

- 그와의 관계에서 당신이 해주지 못했던 부분을 채워주기 위해 노력해라.

- 모든 노력이 실패하고 그가 떠난다고 해도 당신의 잘못으로 받아들이지 마라. 그는 지금 연령퇴행 또는 뒤바뀐 현실 상태에 놓여 있을 뿐이다.

- 결국은 당신도 홀로 설 준비를 해야 한다. 이 시기가 지나고, 그를 용서할 준비가 되어 있는가?

🪑 제2의 사춘기를 맞은 남자들에게

- 당신은 지금 인생에서 가장 자연스러우면서도 고통스러운 시기를 지나고 있다.

- 지금 겪는 혼란과 고통을 인생의 도약기로 삼아라.

- 아무리 불안하더라도 경솔하게 행동하지 마라. 이 시기에 내려진 선택은 과거의 욕구에서 비롯되었을 가능성이 크다. 현실을 냉철하게 파악해라.

- 지금까지 쌓아온 것들을 한꺼번에 날려버리지 마라. 중년의 위기에는 모든 것이 허무하고 싫게만 느껴질 수 있다. 이 시기를 잘 넘기면 그런 기분이 진정될 것이다.

- 주변의 소중한 사람들에게 당신이 겪고 있는 상태를 이해시키려고 노력해라. 당신의 변화에 대해 그들을 탓하면 안 된다. 아마 그들도 불안할 것이다. 먼저 손을 내밀어 그들을 이해시켜라.

8
완벽한 그녀와의
완벽한 사랑

인생에는 두 가지 비극이 있다.
첫째는 우리가 바라는 것을 갖지 못하는 것이다.
둘째는 우리가 바라는 것을 얻는 것이다.
– 오스카 와일드

누구나 마음속엔 완벽에 가까운 이상형이 있을 것이다. 말하지 않아도 내 마음을 모두 알아주는 사람. 상대를 빛나게 해주고 억압하지 않으며 자유롭게 해주는 사람. 내 분신처럼 항상 옆에 있으며 세상 사람들에게 자랑스럽게 선보일 수 있는 사람.

하지만 이렇게 완벽한 이미지에 너무 집착하다 보면 현실과의 경계가 짙어져 실제 연애를 하기가 힘들어질 수 있다. 이상형을 향한 욕망이 초래할 결과에 대해 정확히 알고 있는 사람이 있는가 하면, 자신의 내면에서 벌어지는 일을 의식하지 못하는 사람도 있다.

남자들이 연인에게 기대하는 가장 큰 매력은, 그녀가 언제나 맨 처음의 완벽한 모습 그대로 남아 있을 거라는 환상이다. 그 완벽함의 기준이란 저마다 다르다. 인형처럼 예쁜 여자, 끝내주게 섹시한 여자, 무조건적으로 헌신하는 여자, 원하는 조건을 갖춘 여자, 자신의 말이라면 무조건 들어주는 여자 등.

그러나 남자들 마음속의 공통분모는, 주변 사람들에게 전리품처럼 자랑할 만한 여자, 자신의 남성성과 성적 매력을 돋보이게 해줄 수 있는 여자다. 그녀의 개성과 능력, 야망 등은 자신과의 관계에 심각한 방해 요소에 불과하다.

드물지만 매우 거칠고 도전적인 여자를 이상형으로 꼽는 남자들도 있다. 그녀가 시키는 대로 행동하는 데서 어린 시절 엄격했던 어머니를 떠올리며 만족감을 느끼는 심리다.

여자를 자신의 가치로 생각하는 남자들

큰 키에 구릿빛 피부를 가진 30대 후반의 건축가 한스는 다음과 같이 말한다.

"저는 연예인 같은 여자들만 만났어요. 처음에는 외모에 홀딱 반했다가 몇 개월이 지나면 단점이 보이기 시작하죠. 피부가 안 좋거나 말투가 천박하거나 똑똑하지 못하거나. 그러면 어느 순간부터 짜증이 나요. 외모만 예쁘지 제 호감을 지속시킬 만한 실질적인 매력을 갖지 못한 여자들이 더 많거든요.

그러면 저는 어김없이 실망하고, 결국 그녀를 떠나죠. 남자들이 아무리 예쁜 여자를 좋아한다 해도, 외모 외에 진지한 무언가를 원하게 마련입니다. 제 기대가 너무 컸을지도 몰라요. 하지만 지루한 여자는 참을 수 없어요."

이런 남자들은 자신의 눈앞에 있는 여자를, 후에 만날 '완벽한 그녀'를 대신할 시간 때우기용으로 생각한다. 데이트를 하고 잠자리를 하는 와중에도 혹시나 이상형의 그녀가 나타날까 싶어 주변을 두리번거린다. 이런 유형의 관계를 지속해온 남자는, 처음부터 그녀를 진지하게 생각한 적이 없었기 때문에 이별 자체를 쉽게 여기는 경향이 있다.

"만나는 여자들마다 오래 만나야겠다는 생각이 안 들어요. 대개 제가 먼저 헤어지자고 하죠. 왜냐하면 전 처음부터 먼저 헤어지자고 하지 않을 만한 여자들만 만나거든요."

이런 인식은 상대 여자를 업신여기는 것이나 마찬가지다. 상대 여자를 천박하고 지적이지 못하다거나 자립심이 부족한, 헤어진다고 해도 전혀 위협적이지 않은 이미지로 생각하기 때문에 할 수 있는 말이다.

이런 남자들은 여자에게 버림받는 일을 심각한 자존심의 타격으로 받아들인다. 그래서 더욱 완벽한 여자를 꿈꾼다. 그들이 생각하는 '완벽함'에는 언제나 '절대로 먼저 떠나지 않을 것'이라는 항목이 포함되어 있기 때문이다.

한스의 말이 이어진다.

"전 항상 여자 친구가 있었는데도 늘 외로웠어요. 헤어지면 바로 새로운 여자를 만났죠. 어떤 여자를 만나느냐가 제 자신의 존재를 정의한다고 믿었습니다. 여자는 남자의 가치를 말해주는 데 중요한 역할을 하니까요."

이처럼 여자를 자신의 정체성의 일부로 보는 시각은, 사실 자신 안에서 완벽함을 찾는 것이나 마찬가지다. 남자들의 정체성은 의외로 약하다. 성과를 중요시하고 다른 사람들의 시선으로 자신의 가치를 판단하는 남자들은 외적인 요소에 매우 신경 쓴다. 자동차나 집, 직장에서의 위치, 여자 친구, 그녀에게 사주는 보석과 가방 등이 이 남자의 가치를 말해주는 도구인 셈이다.

이런 남자들은 사실 살얼음 위를 걷고 있는 셈이다. 자존감, 강한 자아의식 등의 내적 가치를 가진 사람만이 아무리 혼란스러운 상황에서도 탄탄한 관계를 유지할 수 있다.

융에 의하면 사람의 내면에는 남자와 여자가 모두 들어 있다고 한다. 남자의 경우, 여성성에 대한 전형적인 이미지, 즉 에니그마enigma가 존재한다. 완벽한 연인을 찾을 때 바로 이 내면의 이미지가 움직여, 자신의 에니그마를 표현해주는 여자를 찾게 된다. 쉽게 말해 스스로에게 부족한 여성성을 가진 여자를 원하는 것이다. 그런 여자와 합치면 자신이 완전해질 거라 생각하기 때문이다.

그러므로 완벽한 여자에 매달리는 남자는 사실 자신의 에니그마에 집착하는 셈이다. 고민과 시련을 함께할 현실 속의 여자가 아닌 '성녀聖女'를 찾아 헤맨다. 당연히 이것은 불가능한 일이기 때문에 이런 남자들은 곁에 여자가 있어도 늘 우울하고 무기력하다.

한스도 그랬다. 비현실적이고 가벼운 여자들만 골라 만나는 자신의 모습에 자주 끔찍한 공허감과 우울함을 느끼곤 했다. 이미지는 오직 순간적인 쾌락만을 선사했고, 한스가 원하는 근원적인 성취감을 주지는 못했다.

"그렇게 많은 여자들을 만났어도 단 한 번도 성취감을 느껴본 적이 없어요. 모든 것이 찰나에 불과했죠. 관계가 완벽해지기를 원했지만 결국 시간이 지나면 부질없어진다는 걸 알았어요.

인생이 바뀌려면 사귀는 여자가 바뀌어야 한다고 생각해왔는데, 지금 생각해보면 참 유치하죠. 사람이 겉으로 보이는 게 전부는 아니니까요.

아내를 만나고 나서야 그 사실을 깨달았어요. 아내와는 정말 잘 맞았거든요. 예전 여자들과는 달랐죠. 어쩌면 그 모든 과거를 겪으며 스스로 성장했기 때문에 지금의 아내와 같은 여자를 '알아볼' 수 있었는지도 모릅니다."

그는 스스로가 덫에 빠져 있다는 사실을 깨달으면서, 비로소 자신이 현실 속의 여자에게 무엇을 원하는지 이해하기 시작했다. 내면의 무의식적인 욕망, 환상 속의 이미지, 외부 현실, 일상적 요구 들을 하나로 통합하게 된 것이다.

"저를 위해 자기 성격을 바꾸는 여자들도 있었어요. 하지만 그럴수록 더 짜증이 나고 상대방에 대한 존중심이 사라지더군요. 그누구도 제 마음 깊은 곳까지 와 닿지 못했어요."

한스는 여자들에게 괜한 완벽함을 요구하는 대신, 혼자 있는 시간에 명상을 하고 산책을 하는 등 자신의 삶에서 진짜 중요한 것이 무엇인지를 찾으려 했다. 사람들을 만날 때도 아무런 기대도 하지 않은 채 있는 그대로의 진심을 나누려 노력했다.

그 결과 그는 정신적으로 크게 성장했다. 더 이상 사람을 일반화된 대상으로 보지 않고, 있는 그대로의 고유한 개인으로 바라보기 시작했다. 자신을 군중에서 분리시키는 '개인화' 과정에 성공한 것이다. 과거에는 자기 자신에게 바라는 완벽함을 여자에게 투영했지만, 이제는 자신만의 공간을 허용하고 스스로의 가치를 찾으면서 여자를 보는 시각도 바뀌었다.

이처럼 우리는 스스로에게 바라는 이미지를 타인에게 투영하는 경우가 많다. 그래서 누군가에게서 내 단점과 닮은 모습을 발견했을 때 더욱 화가 나곤 하는 것이다. 그럴 땐 타인에게든 나 자신에게든 좀 더 여유로워질 필요가 있다. 타인에 대한 요구는 어차피 자신에게 되돌아올 수밖에 없기 때문이다.

결국 그가 사랑하는 건 거울 속 자기 자신

완벽한 여자를 찾는 남자들은 생각 외로 많다. 결혼 후 아내에게 완벽한 모습을 바라는 사람도 있고, 완벽한 상대를 만나는 일을 평생 과업으로 여기는 사람도 있다. 한스처럼 그 과정에서 진정한 자신의 모습을 발견하고 성취감을 얻으며 성장하는 남자들이 있는가 하면, 아래에 소개할 데이브처럼 매순간 병적으로 완벽한 여자를 찾으며 성장을 거부하는 남자들도 있다.

데이브는 훤칠하고 매력적인 40대 초반의 남자로 딸과 함께 살고 있다. 모델이었던 아내는 딸이 두 살 때 집을 나갔다.

"아주 차가운 여자예요. 양육비만 보내고 한 번도 딸아이를 만나러 온 적이 없어요. 겉모습은 아름답지만 속은 온통 시꺼멓죠. 그 점을 견딜 수가 없더군요. 피도 눈물도 없달까요.

하지만 전 여전히 아름다운 여자가 좋습니다. 아직도 정신을 못 차렸나 봐요."

데이브는 다시 결혼을 하고 싶지만 주변에서 워낙 부정적인 이야기를 많이 들어 새로운 시작이 두렵다.

그의 친구들은 열정이 없어도 편안하고 흔들림 없는 결혼생활이 최고라고 조언한다. 사람의 욕구는 나이가 들면서 계속 바뀌며, 이 점은 남녀관계에서도 마찬가지라는 것이다. 친구들은 그에게 이제 어린애가 아니니 정신 차리고 현실과 타협하라고 하지만 데이브의 생각은 다르다.

"완벽한 여자가 나타나기 전까진 절대 결혼하지 않을 거예요. 제가 원하는 건 열정과 사랑뿐이에요. 저를 위한 완벽한 그녀가 어딘가 있을 거예요. 그녀를 만나기만 하면, 최고로 행복하게 만들어줄 겁니다. 제 모든 걸 바치겠어요."

로버트 버크 박사는 프로이트 학파의 관점에서 다음과 같이 설명한다.

"연애와 스킨십에 있어서 환상이 발휘하는 힘은 엄청납니다. 상대방의 '외모' 자체가 중요한 것이 아니라 상대방에 대한 '환상'이 중요하죠. 환상은 무의식에서든 의식에서든 성생활과 밀접한 관련이 있습니다.

자신이 갖고 있는 '완벽한 환상'에 대해 명확히 알고 있는 사람은 드뭅니다. 그 무의식을 겉으로 드러나게 하는 일이 바로 정신분석학자가 하는 일이죠."

데이브의 첫 번째 결혼생활은 그리 순탄치 못했다.

"아내에게 한눈에 반했어요. 하지만 결혼 후 실망하기 시작했죠. 두 번이나 헤어졌어요. 전 그녀가 꿈꾸던 남편이 아니었고 앞으로도 그렇게 될 수 없었죠. 아무리 노력해도 아내를 행복하게 해줄 수가 없었어요. 6년을 살았을 때 이혼서류를 제출했는데, 그녀의 눈물에 넘어가 다시 한 번 노력해보기로 했어요. 그리고 5년을 더 살았죠.

하지만 그녀는 여전히 차가웠어요. 따뜻한 스킨십을 거부했죠. 처음엔 그러지 않았거든요. 애교와 애정표현이 넘치는 여자였죠.

아내는 사치가 심해서 우린 거의 파산 직전까지 갔어요. 가진 걸 다 주어도 아내는 날 사랑하지 않았죠."

그녀에게서 사랑을 얻을 수 없자, 그녀의 결점들이 눈에 띄기 시작했다. 더 이상 예전처럼 완벽해 보이지 않았던 것이다.

"제가 〈플레이보이〉 지를 즐겨보는 걸 알고는 자신도 다른 여자처럼 멋지다는 걸 보여주기 위해 일부러 모델 일까지 했던 여자예요. 대체 왜 그렇게 변했던 걸까요? 전 다른 여자들을 쳐다보는 걸 좋아해요. 지나가는 사람들에게도 친밀하게 말을 걸죠. 그런 것 때문에 기분이 나빴을까요? 자신과 다른 여자들을 비교한다고 느껴서?"

그는 무의식적으로, 아내가 자신에게 주었던 불안감을 그녀에게 똑같이 되돌려주고 있던 셈이었다. 그런 그의 행동이 둘 사이에 미묘한 힘겨루기를 가져왔다.

"아내는 끊임없이 제 결점을 찾아냈고, 요구사항이 점점 많아졌죠. 우리 사이엔 불신이 싹트고 있었어요. 결국 우린 완전히 끝냈고, 아내는 돈 많은 남자와 재혼했습니다. 전 35세의 나이에 다시 싱글이 되었죠. 그 후 인생을 즐기며 살자고 다짐했어요. 인생의 모든 순간은 다신 되돌아오지 않으니까요.

몇 명의 여자가 스쳐간 뒤, 신시아라는 연상의 여자를 만났어요. 우린 정말 뜨거웠어요. 종일 섹스하고, 그녀는 제게 음식을 만들어주고 목욕까지 시켜줬죠. 그런데도 전 그녀에게 감사할 줄을 몰랐어요. 아마도 사랑을 받는 데 익숙하지 않았던 것 같아요."

데이브는 신시아를 만나면서도 언제나 조건을 붙였다. 그녀가 연상이라는 사실이 거슬렸다고 했다. 인생의 동반자로 생각했다기보다, 그저 기분 좋은 외도로 여겼던 셈이다. 그의 마음속 '완벽녀'는 자신보다 어린 여자였기 때문이다.

"신시아와 헤어지고 스물아홉의 제인을 만났지만, 그녀 역시 부족한 점이 많았죠. 나이 어린 여자를 만난다고 하면 다들 부러워하지만 남자도 나이가 들면 성욕이 예전만 못하죠.

그럼 다른 면에서 만족을 시켜줘야 하는데 그게 어디 쉽나요. 게다가 어린 여자들은 결혼과 아이를 원하죠. 피곤한 일이에요.

또 제인은 좀 뚱뚱한 편이었는데 다른 사람들이 그녀를 놀리는 게 신경 쓰였어요. 저한텐 남들 시선도 매우 중요하거든요."

완벽한 여자를 찾는 남자들은, 그녀가 세상 사람들의 눈에도 완벽해 보이길 원한다. 이는 사실 자신이 완벽하다는 걸 과시하고 싶은 욕구다. 그녀의 결점은 곧 자신의 결점인 셈이다.

"전 여성스러운 여자를 원해요. 그런데 요즘 여자들은 대개 터프하고 방어적이죠. 남자들보다 여자들이 더 욱하는 경향이 있어요. 이해는 해요. 남자들에게 상처를 많이 받아서 그런 거니까요."

데이브 역시 욱하는 성격을 가졌다. 어린아이 같은 면을 가진 동시에 내면에 분노가 자리하고 있기 때문이다. 전 부인의 영향 때문일 수도 있다.

그는 불가능하다는 걸 알면서도 완벽한 여자를 찾는다. 나이 들수록 점점 더 어린 여자를 선호하며 자신의 여자가 나이 드는 게 두렵다고 말한다.

"저 역시 나이 드는 게 두려워요. 젊어 보이기 위해 외모에 많은 돈을 투자하죠. 아름다운 여자가 곁에 있으면 으쓱해져요. 친구들에게 전부 보여주면서 자랑하고 싶어지죠."

그는 연약한 정체성의 완벽한 희생양이다. 자신에 대한 존중심을 갖기 위해, 완벽한 외모와 성격을 가진 여자를 찾는다. 그럴수록 해가 지나면서 성숙해지기보다 불안감만 더 커질 뿐이다.

프로이트 철학에서는 이것을 '나르시시즘narcissism'이라고 부른다. 자기 자신과 사랑에 빠진 것이다. 상대방을 바라보는 일은 거울을 보는 일과 같다. 이런 이들은 평생 '타인'을 만나지 못하고, 현실 속에서 누군가를 진정으로 사랑하기도 어렵다.

"우리 어머니는 정말 아름다운 분이었어요. 모두 입을 모아 어머니의 외모를 칭찬했죠. 아버지가 그렇게 아름다운 여자를 만났으니 저도 그럴 수 있다고 생각했어요."

대부분의 남자들이 그렇듯, 데이브도 자신이 아버지만큼 잘나야 하고 어머니처럼 아름다운 여자를 얻어야 한다는 오이디푸스

콤플렉스에 빠져 있는지 모른다. 이런 남자들은 절대 가질 수 없는 이상적인 여성, 즉 어머니를 상징하는 완벽한 여성을 동경하며, 그 자체에서 안전함을 느낀다.

"불행한 상황에 그대로 머무르는 사람들도 있어요. 행복에 익숙하지 않기 때문이죠. 그들에겐 그 상태가 안전함을 의미하는 거예요. 그러나 전 안정감보다는 열정을 추구해요. 나이가 아무리 들어도 똑같을 거예요."

데이브는 완벽함을 바라보는 관점 자체를 바꿀 필요가 있다. 완벽하다는 게 꼭 도달할 수 없는 이상적인 것을 의미하는 것만은 아니다. 매 순간을 음미하고, 새로운 즐거움을 발견하고, 사랑의 열정을 인정하고, 자기 자신을 있는 그대로 존중하는 것. 바로 그런 태도들이 새로운 가능성이 되어줄 것이다.

당신의 남자가 완벽한 여자를 원한다면?

- 그가 환상의 이미지를 원하고 있으며, 당신이 절대 거기에 맞출 수 없다는 걸 확실히 해라.
- 당신의 본 모습을 잃지 마라. 그가 원하는 모습대로 바뀌려 하지도 마라. 그에게 맞춰주는 순간 오히려 그는 떠날 것이다.
- 너그러운 마음으로 그의 환상을 포용해라.
- 그가 아름다운 외모를 원한다면 조금 더 신경 써라. 꿈이 실현되면 그도 당신을 행복하게 해줄 것이다.
- 주변 친구들에게 호감을 줄 수 있도록 노력해라. 만약 불가능하다면 과감하게 그와 헤어져라.
- 세상에 남자는 많다. 당신에게 꼭 맞는 사람을 찾는 일은 당신 몫이다.

완벽한 여자를 찾아 헤매는 당신에게

- 세상 모든 것은 변한다. 아무리 완벽해 보이는 것도 결국 단점을 드러내기 마련이다.
- 스스로에 대한 감정을 살펴라. 어떤 것에서 욕구불만을 느끼는지 생각해본 후, 그 점을 적극적으로 개선해라. 당신의 내면에 부족한 점은 다른 누군가가 채워줄 순 없다.
- 사랑에 빠지는 것을 피하기 위해 완벽한 것을 추구하지는 않는가? 상대방의 단점을 찾는 일보다 장점을 찾는 일이 더 쉽고 빠르다.
- 매일 만나는 모든 사람에게서 장점을 찾는 연습을 해라. 당신은 사람과 삶의 본질에 대한 인식을 바꿀 필요가 있다.
- 당신의 결점을 비판하지 말고 그대로 받아들여라. 자신을 사랑하고 수용할수록 타인이 더욱 완벽하게 보일 것이다.

9

모험의 부름에 따르는 남자들

> 당신이 할 수 있는 가장 큰 모험은,
> 바로 당신이 꿈꿔오던 삶을 사는 것이다.
> – 오프라 윈프리Oprah Winfrey

《무쇠 한스 이야기(Iron John)》를 쓴 로버트 블라이Robert Bly 는, 남자라면 누구나 다양성과 모험을 추구한다고 말했다.

저명한 교수이자 작가인 조셉 캠벨Joseph Campbell에 따르면, 끝없 이 도전하고 성장하는 영웅의 모험을 다룬 스토리야말로, 시대를 막론하고 가장 보편적인 주제라고 한다.

일반적인 남성들은 스포츠나 게임 등을 통해 자신의 모험 욕구 를 충족한다. 그런데, 간혹 여자와의 관계에서 모험을 하려는 남 자들이 있다. 여자를 도전의 대상 혹은 수수께끼로 인식하는 태도 는 양쪽 모두를 지치게 만든다.

오랜 분노의 조각들 떨쳐버리기

사업가인 조셉은 어린 나이부터 여자를 사귀기 시작했다. 소극적인 어머니와 폭력적인 아버지 아래서 불우한 어린 시절을 보낸 그는, 여러 여자들을 만나며 순탄치 못한 삶에 발을 들여놓았다.

"열아홉 살 때 열여섯의 소녀를 만났어요. 저는 부모님에게 당했던 것처럼 그녀를 학대하고 통제했습니다. 정말 그래서는 안 됐는데 우린 아기도 낳았죠. 한없이 사랑스러운 아기를 바라보며 아무 죄도 없는 아기에게 이 끔찍한 상황을 물려줘선 안 되겠다는 생각이 들었어요. 그래서 제가 떠나기로 결심했죠."

조셉은 아기에게 해를 가할지도 모르는 자기 자신이 두려워 그녀를 떠났다. 아기에 대한 연민과 더불어 아기에게 필요한 아버지가 되어줄 수 없다는 생각 때문이었다. 그러나 그는 곧 후회하고 죄책감에 빠졌다. 아기를 다시 만나고 싶었지만 사정이 여의치 않았고, 30년이라는 세월이 지나 드디어 아들을 만나게 되었다.

"아이를 다시 만나 정말 기뻤습니다. 아이 엄마는 재혼해서 잘 살고 있더군요. 당시 전 너무 어렸고, 부모님에 대한 분노와 싸우고 있었어요. 물론 지금도 가끔씩 그래야 하지만요.

하지만 어른이 된 지금은 예전처럼 타인에게 제가 원하는 모습을 투영하거나 분노에 휩쓸리지 않아요. 마음속 응어리를 내려놓거나 어릴 때와는 다른 방법으로 처리할 수 있게 되었죠. 속에서

화가 올라올 때마다 '오래된 분노의 조각이군.' 이렇게 중얼거리고 말아요. 타인을 이해하고 용서할 수 있는 능력이 생긴 거예요."

이처럼 분노를 억누르고 타인을 이해하기까지는 짧지 않은 시간이 걸렸다. 다행히 조셉에게 '모험'은 자신의 내면을 들여다보고 최대한 성장하고 발전하는 계기를 선사해준 동시에, 멋진 어른이 되겠다는 의지적인 방향으로 작용했다.

"그 후 게일이라는 여자를 만나 결혼에 골인했습니다. 그녀는 혼란스럽던 제 인생을 정리해주었죠. 당시 전 사랑하지도 않는 여자를 임신시키는 등 쓰레기 같은 삶을 살고 있었거든요. 우린 비슷한 '지성'을 가지고 있었고, 어떤 대화를 나눠도 충만함을 느낄 수 있었습니다. 그건 지금도 마찬가지예요.

그런데 갑자기 아내를 떠나고 싶어졌어요. 그녀는 매사에 부정적이고 자존감이 낮으며 우울증도 약간 있죠. 저 역시 비슷한 환경에서 자라서 그런 모습을 볼 때마다 화가 났어요. 제 자신이 그런 것만으로도 벅찬데 아내의 부정적인 면까지 받아줄 여유가 없었던 거죠."

어린 시절 겪은 힘든 가족 문제는 좀처럼 떨쳐버리기 힘들다. 내면 깊은 곳에 숨어 있다가 이렇게 불쑥불쑥 고개를 내민다. 사람들은 대부분 자신의 과거나 현재 모습에서 벗어나고 싶어서 자신과 정반대인 사람을 찾고 결혼을 택하지만, 진정으로 성장하려면 문제 상황을 회피하기보다 정면으로 맞서야 한다.

"그러다 아내가 바람을 피워 2개월간 떨어져 지냈고, 그 후 다시 2년 동안 같이 살았어요. 이혼만은 피하자는 생각이었죠. 하지만 하루가 멀다 하고 싸우다 보니 차라리 헤어지는 게 낫겠다고 판단했습니다. 혼자 사는 게 두렵긴 했지만요.

이혼 후에 심리 치료를 받았는데, 어린 시절에 겪은 모든 분리 문제를 짚어주더군요. 미래에 대한 두려움, 이혼에 대한 분노, 아내에게 느낀 질투심 등 제 몸과 마음에 들러붙어 있던 부정적인 감정에 대해서도요.

하지만 후회는 없습니다. 전혀요. 혼자 맞이한 첫날 아침이 기억나네요. '내 인생은 이제 다시 시작이야. 힘들고 복잡한 과거는 끝났어. 내일은 더 좋은 하루가 될 거야.' 이렇게 중얼거렸죠."

그는 여자들과의 관계를 통해 내면의 자아를 성장시키고 정서적으로도 성숙해졌다. 아픔과 고통을 삶의 일부로 받아들이게 된 것이다. 상대방을 탓하거나 자책하지 않고 다음 만남을 위한 준비가 된 상태에서 이혼을 한 것이다.

그러나 과거의 기억은 하루아침에 그를 놓아주지 않았다.

조셉은 자신과 비슷하게 불안정한 과거를 안고 있는 불안정한 여자를 만나곤 했다. 그런 관계는 십중팔구 문제를 야기했지만, 그와 동시에 흥분과 자극을 주었다. 게다가 이별의 책임을 그녀들의 신경질적인 성격 탓으로 돌릴 수 있었다.

어떨 때는 심하게 싸우고 나면, 마치 그것이 '전희'와 같은 흥분을 주어 섹스로 이어지기도 했다. 이는 불안정한 커플들에게서 종종 볼 수 있는 양상이다.

"어머니는 항상 우울했어요. 전 어머니가 제발 아버지와 헤어져서 절 보호해주었으면 했지만 어머니는 오히려 종처럼 살았죠. 제가 만나는 여자들 중에 아버지와 비슷한 여자들도 있었어요. 과거가 계속 반복되는 거였어요. 간단한 일이 아니었죠."

그는 여자들을 떠나면서, 사실은 그의 어머니가 했어야만 했던 일들을 대신하고 있었다. 그것은 바로 학대하는 사람과의 관계를 끝내는 일이다. 긍정적인 역할 모델이 없었던 조셉은, 새로 만나는 여자들에게 그 역할을 기대하곤 했다. 안정적인 관계를 맺기 위해선, 부정적인 생각과 행동에 대한 두려움을 극복해야만 했다.

레너드 오어Leonard Orr는, 남녀관계에 존재하는 모든 트라우마는 모두 출생의 트라우마에서 비롯되었다고 주장한다. 즉 출생 당시 어머니와 분리됨으로써 느끼는 고통과 상실감이 어른이 되어서도 남아 있다는 것이다. 이러한 '출생 트라우마'가 심각한 사람들은 사랑이 고통과 분노, 상실로 가득하다고 생각한다. 이럴 땐 스스로 사랑받을 자격이 있다는 느낌을 가질 수 있도록 내면 깊숙한 곳의 무의식의 패턴을 바꿔야 한다.

여자들도 그렇지만, 남자들은 대개 상대방이 나를 위해 변해야만 한다고 믿는다. 상대를 있는 그대로 받아들이지 못하고 속으로 상대가 변하기만을 바라면서 관계를 유지한다. 바라기만 하니 당연히 실망도 크고, 상대방을 존중하지 못한다. 누군가를 존중한다는 것은, 그 사람의 원래 모습을 이해하고 받아들이는 것이다. 이것이 불가능하다면 자기 뜻대로 상대방을 바꾸려 하지 말고 그냥 헤어지는 것이 최선이다.

"지금까지 만난 여자들과 겪었던 문제들에 대해 진지하게 되돌아봤어요. 내가 그녀들에게 진정으로 원하는 게 무엇인지도요. 너무 지쳐 누군가를 만나는 데 진절머리가 났죠. 오래도록 사랑할 수 있는 정말 괜찮은 여자를 내려달라고 기도했어요.

그 후 앨리스를 만났습니다. 제 기도가 이루어진 거예요. 지금은 정말 좋습니다. 물론 제가 갑자기 천사표가 된 것은 아니에요. 그녀에게 화를 낼 때도 있고 그녀도 제게 마찬가지예요.

하지만 예전처럼 극단적인 싸움으로 치닫지 않고, 서로의 공간을 인정해요. 우린 따로 살 집을 구했어요. 결과적으로 훨씬 좋아요. 같이 살지 않지만 아주 친밀한 관계를 유지하고 있죠."

이제 조셉은 상대방과 억지로 하나가 되려 하지 않고 스스로 기준을 세우기 시작했다. 드디어 진정한 자신의 모습을 받아들이며 사랑을 하게 된 것이다. 이러한 과정을 '개체화individuation'라고 부른다. 다시 말해 누군가와 함께 있을 수도 있고 혼자서 있을 수도 있게 된 것이다.

에리히 프롬은 저서 《사랑의 기술》에서 다음과 같이 말했다.

"만일 내가 혼자 내 발로 설 수 없기 때문에 다른 사람에게 집착한다면, 그는 생명의 구원자일 순 있겠지만 그것은 사랑의 관계가 아니다. 역설적으로 말하면, '혼자 있을 수 있는 능력'은 '누군가를 사랑할 수 있는 능력'의 조건이 된다.

나이와 문화에 상관없이 우리가 해결해야 할 문제들은 바로 홀로 있음을 극복하는 것이며, 대개 누군가와 하나가 되는 것에서 비롯된다. 이는 전부 인간적인 상황이나 조건들로 인한 것이며, 문제의 답은 개체화의 수준에 따라 달라진다. 아동기에 분리의식이 잘 확립되어야만 온전히 사랑할 수 있는 능력이 생긴다."

그는 앨리스와의 관계를 행복하고 책임감 있게 이끌어가기 위해 노력하고 있다.

"우리가 가장 중요시하는 건 서로에 대한 '존중'이에요. 크고 작은 문제들이 생겨도 함께 힘을 합쳐 극복해나가죠. 서로의 개성과 인격을 존중하고 개인적인 공간을 허락하는 게 정말 중요하다고 생각합니다."

평범한 일상도 모험이 될 수 있다

워런은 정 많고 활동적인 성격의 성공한 기업가다. 그의 '모험'

은 조셉과 조금 다른 양상을 띠었다.

"전 과거가 좀 복잡해요. 다섯 번의 결혼과 네 번의 이혼을 했죠. 후회는 없어요. 지금까지 만났던 모든 여자들이 제게 영향을 끼쳤어요. 솔로일 때는 재미도 있고 활기가 넘치는 반면 유부남일 땐 끝없이 무언가를 갈망하게 되죠.

꼭 제가 먼저 떠나는 건 아니에요. 거절당하는 느낌을 견디기 힘들어 떠날 때도 있으니까요. 우리 사회에서 아직까진 남자가 경제적으로나 문화적으로 우위에 있는 게 사실이죠.

그러나 전 섹스나 사랑에 있어서는 남녀가 동등했으면 좋겠어요. 남자가 떠났을 때, 여자도 홀가분해 할 수 있어야 하지 않을까요.

어니스트 베커Earnest Becker는 《죽음의 부정(The Denial of Death)》에서 '인정 욕구'에 대해 언급하죠. 남자는 여자에게 인정받기를 절실하게 원합니다. 여자는 자신을 사랑해주는 사람을 위해 목숨을 바치고, 남자는 자신을 인정해주는 사람을 위해 목숨을 던진다는 말도 있잖아요.

제 첫 번째 아내는 다정하고 여린 성격으로, 상대방을 기쁘게 해주기 위해서라면 무엇이든 할 여자였죠. 그런 면이 오히려 부작용을 가져왔어요. 아내의 성격 중 가장 거슬리는 건 아이러니컬하게도 너무 완벽하다는 점이었어요. 제가 퇴근 30분 전에 직장동료를 데려간다고 집에 전화하면, 입이 떡 벌어질 정도로 완벽하게 음식이 준비돼 있을 정도였죠. 이혼하고 싶다고 하니 동료들은 저를 미친 놈 취급했어요."

남자들의 모든 필요와 욕구를 충족시켜주는 여자는 비현실적이고 상대하기 쉽다는 느낌을 줄 수 있다. 또한 암묵적으로 '내가 이렇게까지 하는데 당신은 그 정도밖에 못 해?' 하고 말하는 듯한 느낌도 준다. 상대에게 숨 쉴 공간을 전혀 주지 않는 것이다. 그래서 남자들은 고마워하기보다 오히려 도망치고 싶어진다.

"아무도 이해 못했지만 아내가 너무 부담스러웠습니다. 전 동등한 관계를 원했거든요. 말로만 그런 게 아니라 현실적으로 그렇게 느껴지는 사람 말이에요."

남자들은 여자들에게 합리적이지 못한 요구를 하고 싶어 하거나, 여자가 그것을 군말 없이 무조건 들어주기를 바라진 않는다. 단지 그녀에게 존중받고 싶고 그녀에게 행복을 주고 싶을 뿐이다.

"결국 첫 번째 아내와 헤어졌습니다. 그녀에게서 벗어나 다행이다 싶었어요. 두 번째 아내 매들린도 비슷한 문제점을 보였어요. 내 옆에 있는 게 아니라 다른 곳에 있는 사람 같았죠. 저와 함께하는 순간에 충실하지 않았고 바람도 두 번이나 피웠죠.

전 결혼생활 내내 방치된 느낌이었어요. 어느 날 같이 장을 보러 갔는데 제가 사과를 사자고 했니 아내가 '집에 사과 있어.'라고 하는 거예요. 그녀가 우리 둘의 공간에 아주 무관심하지 않다는 사실에 기분이 좋아졌어요. 하지만 그런 사소한 일에 기뻐한다는 자체가 비정상 아닌가요? 남들에겐 지극히 평범한 일이잖아요.

　세 번째 아내 디나 역시 마찬가지로 뉴에이지 종교에 빠져 집을 비우는 일이 많았죠. 매들린이나 디나가 그 어떤 말을 해도 저와의 관계에 최선을 다하는 느낌이 아니었어요. 사람들은 사랑하는 이와의 관계에 헌신함으로써 자신의 존재를 확인하고, 그 사람과 평생 함께하고 싶단 생각이 드는 거잖아요. 모든 커플이 처음에는 행복한 이유가 바로 그게 지켜지기 때문이죠."

　그는 대체로 '쿨한 성격'이었고, 유쾌하고 자신감 넘치는 모습 때문에 여자들이 많이 따랐다.

　"늘 남의 떡이 더 커 보이긴 했지만 다른 여자를 만나기 위해 가정을 깬 적은 한 번도 없어요. 다른 여자가 생긴 것도 아닌데 왜 헤어지냐고 하는 친구들도 있었지만, 전 세상에 절대로 여자가 부족하다고 생각하지 않았죠. 혼자일 땐 여러 여자들을 만나고 다녔지만, 적어도 결혼생활을 하는 동안엔 한눈을 판 적이 없었어요.

　새로운 여자를 만날 땐 엄청난 흥분감이 느껴집니다. 저 자신이 창조적인 인간이 된 것 같은 기분이 들어요. 누군가를 만나고 그 사람에 대해 알아가는 일은 창조적인 과정임이 분명하죠. 다양한 세계를 경험하게 되니까요. 결혼을 하면 사회적으로나 성적으로나 제약이 생기잖아요. 그러나 바람을 피우는 것보단 차라리 헤어지는 게 낫죠. 전 적어도 그 순간만큼은 충실합니다."

　워런은 '진실성'을 기준으로 결혼을 결심해왔다고 말한다.

"첫 번째는 너무 어려서 뭘 잘 모르고 한 결혼이었고, 두 번째는 정말 사랑에 빠졌었고, 세 번째는 혼자인 게 싫어서 했던 결혼이었죠. 지금 생각해보니 참 어리석었어요. 만난 지 몇 달 만에 결혼하는 사람들의 이야기를 들으면 전 반드시 말려요. 처음 몇 달간은 당연히 아무런 문제가 없으니까요. 그 사람의 진정한 모습을 알기까지는 시간이 필요해요. 특히 남자들은 초기에 엄청 잘하다가 갈등이 생기기 시작하면 다른 여자가 눈에 들어오죠. 나이 많은 남자들은 갈수록 어린 여자를 찾고요.

현재 제 아내도 저보다 스무 살 정도 어리니까요. 배우자를 고를 때는 성적인 요인도 중요해요. 하지만 가장 중요한 건, 서로의 곁에 있고 싶다는 진정성이죠. 성적인 매력은 시간이 흐르면 퇴색되기 마련이니까요. 편안함이나 동지애 같은 감정이 훨씬 중요해집니다.

평생 한 명의 짝하고만 사는 동물들도 있어요. 펭귄은 한 마리의 짝과 평생을 보내죠. 하지만 인간에게 짝짓기란 사회적 관습이에요. 개인은 사회를 위해 성적 에너지를 승화시키는 것뿐이에요. 그러다 자신의 본능을 발견하게 되면 이 여자 저 여자를 만나게 되는 거고요.

한 여자에게서 모든 걸 얻을 수 있다면 가장 이상적이겠죠. 대부분의 여자들은 안전함에 대한 갈망이 커서 가정을 통해 안정감을 찾으려고 하죠. 하지만 요즘은 자유를 추구하는 여자들도 많아요."

워런은 솔로로서의 생활과 자유로운 섹스를 통해, 스스로 살아 있음을 느끼고 사랑받는 감정을 확인한다고 했다. 그는 여자들을 떠나는 게 아니라, 충분히 즐기고 난 뒤 다음 대상으로 넘어가는 것뿐이라고 생각했다. 그는 장기적인 관계를 원했던 적이 한 번도 없었다. 그저 가볍게 만날 뿐이었다.

"의존적인 여자는 싫어요. 자립적인 여자가 좋습니다. 저한테 기대려고만 하는 여자는 매력 없죠. 지금의 아내에겐 인정받고 있다는 느낌이 들어요. 현실적인 존재감을 선사해주죠. 진실된 파트너가 있다는 사실만으로도 커다란 위로가 돼요.

가끔 예전처럼 자유로워지면 어떨까 하는 생각이 들 때도 있지만, 혼란스러운 상황이 뻔히 눈앞에 그려져서 망설여져요. 전 아내를 떠나지 않을 거예요. 남자는 근원적으로 양육받기를 원합니다. 의외로 남자들의 자아가 약해요. 결국 여자에게 많이 의존할 수밖에 없는 게 남자라고 생각해요.

남자들은 존중과 인정, 헌신, 존재감 등의 가치를 중요시해요. 무엇보다 아내는 제 삶을 즐겁게 해줘요. 때로 괴로운 일도 있지만 함께 이야기를 나누며 요리를 하고 그 음식을 나눠 먹는 평범한 일상이 소중합니다. 지금 이 자리에 있다는 사실이 기뻐요."

머무르기 위해 택한 자유

사람마다 '자유'에 대해 갖고 있는 이미지가 다르다. 어떤 이들에게 자유는 책임과 의무에서 벗어나는 것, 무미건조한 일상을 탈출해 충동적으로 사는 것이다. 또 다른 이들에게는 인간적인 시련을 극복하고 잘 성장해 최대한의 능력치를 발휘하는 일이며, 현실에 완벽하게 적응해 더 큰 자아를 이루는 것일 수도 있다. 착각과 욕망의 늪에서 벗어나 오직 진실 안에서 사는 것을 뜻하기도 한다.

필은 부드럽고 배려심 많은 변호사로, 여자들에게 인기가 많다.

"전 절대 양다리 걸치는 스타일이 아닙니다. 지금까지 다 괜찮은 여자들만 만났죠. 먼저 헤어지자고 말한 적이 거의 없어요."

남자들은 대부분 자신이 여자를 떠나는 쪽이라고 생각지 않으며, 두 사람 사이에 변화가 필요하거나 누군가 책임을 져야 하는 시점이 오면 관계 자체를 포기해버리는 경향이 있다.

"2년 반 동안 사귄 앰버라는 여자가 있었어요. 전 연애 자체에 아주 만족했기 때문에 동거나 결혼이 필요 없다고 생각했어요. 그런데 그때쯤 절대 결혼하지 않겠다던 친구가 약혼을 한 거예요.

너무 혼란스러웠죠. 전 결혼 자체가 만남의 목적이 되어선 안된다고 생각합니다. 저에게 깨달음과 자유를 주는 것은 결혼이라는 속박이 아닌 내면의 실현이에요. 관계 자체가 안정감과 일체감을 주어야지, 굳이 결혼으로 맺어질 필요는 없다고 봐요. 물론 지금까지 만난 여자들의 결혼관이 저와 똑같지는 않았겠죠."

제럴드 엡스타인 박사는 결혼에 대해 다음과 같이 설명한다.

"여자는 남자보다 현실적인 존재입니다. 본래 그렇지 않은 성향의 여자도 자녀를 갖고 가정을 꾸리면서 그렇게 변하지요. 가정의 질서가 무너지면 사회의 질서도 잡힐 수 없습니다. 여자는 가정을 지키기 위해 남자처럼 추상적인 관심사에 빠져들 여유가 없어요. 현실적인 관점으로 집을 보살피는 거죠. 남자들이 이 점을 반드시 이해해야 합니다. 그렇지 못하면 균열이 생기거든요."

필은 자유에 대한 욕구와 안정적인 관계를 맺고 싶은 바람 사이에서 씨름하고 있다.

"친구의 결혼은 정말 충격이었죠. 그 친구가 저희 독신주의자들의 리더 격이었거든요. 다음날 앰버가 사무실로 찾아와 친구의 결혼 때문에 불안하냐고 물었어요. 사실 그 이상이었죠. 거의 공황 상태였어요.

그런데 얼마 후, 어떻게 하다가 예전에 호감을 느꼈던 여자와 사귀게 됐어요. 앰버를 두고 다른 여자를 사귈 생각은 없었는데 양다리를 걸치게 된 셈이었죠. 새로운 여자도 양다리는 용납할 수 없다는 입장이어서, 전 결국 앰버와 헤어지기로 결정했죠.

저도 정말 고통스러웠습니다. 사실, 아주 솔직히 얘기하면 친구의 결혼이 조금은 영향을 끼쳤어요. 다음엔 내 차례가 되지 않을까 하는 불안감도 하나의 이유였을 거예요."

때로 남자들은 한 여자에 얽매일까 두려워서 혹은 책임감에 못 이겨 도망치곤 한다. 갑자기 다른 여자를 만난 필처럼 말이다. 그는 결혼 자체를 별로 하고 싶어 하지 않았다.

"새로 만난 여자와는 1년 반 정도 장거리 연애를 했어요. 그런데 당시 저에게 복잡한 일들이 많이 일어났고, 서로 지쳐 헤어지게 됐어요.

다음으로 만난 여자는 프란이었는데, 정말 멋진 여자였어요. 하지만 결국 그녀가 원하는 것도 결혼이었죠. 잠깐 같이 살았었는데 참 이상하게도 전혀 편하지 않았던 기억이 나요. 아무리 사랑해도 전 혼자만의 시간과 공간이 반드시 필요하거든요.

솔직히 말하면, 제 안에는 친밀해지는 것에 대한 두려움이 있어요. 혼자 있을 때가 제일 편하죠. 하지만 친한 친구들이 모두 결혼하고 나자 제 결혼관에 대해 되돌아보게 되더군요. 사람들은 제게 그 두려움에 대해 정면으로 부딪치라고 말해요. 똑바로 대면하고, 깨끗이 인정하고, 결국은 벗어나야 한다고 말이에요. 그게 바로 진정한 '자유'라는 거겠죠."

그는 모든 면에서 아주 솔직하고 자의식이 강한 사람이다. 자책하지도 않으며 남을 탓하지도 않는다. 그는 결혼이 아닌 다른 방향으로 성장하려 노력했고, 자신만의 목적을 진지하게 추구하고 있었다.

"현재는 섹스에 대한 제 감정을 돌아보고 있어요. 저는 제임스

본드처럼 남성적인 인물을 좋아하는데, 항상 여자와의 관계를 주도하는 것 같은 이미지 때문이죠. 미래에 대한 약속 따위 하지 않는 그런 '옴므파탈' 말이에요. 제게 있어 성은 남자로서의 제 자존심과 깊은 연관이 있어요.

저는 모든 사람이 섹스를 통해 '일체감'을 추구한다고 봐요. 단순히 성적 쾌락보다 그 일체감이라는 욕구가 어쩌면 더 중요할 수 있어요. 절정의 순간에 정신은 오히려 고요해집니다. 행복과 쾌락, 그 자체와 하나가 되는 거죠."

필은 자신의 감정에 솔직하게 다가감으로써 자유를 얻으려 노력 중이다.

"집착을 가지면 어김없이 어느 순간 반감이 생깁니다. 이런 감정들에서 벗어나야만 진정한 자유를 얻을 수 있어요."

🪑 남자의 모험을 인정해줘야 하는 여자들에게

• 있는 그대로의 모습을 보여줘라. 그를 기쁘게 해주기 위해서 변하는 것은 절대로 효과가 없다.

• 그가 불안해하고 지루해하고 자신만의 공간을 필요로 할 때, 그냥 기다려줘라. 당신을 거부한다고 생각하지 마라.

• 잠시 뒤로 물러나 있어달라는 그의 말을 귀담아 들어라. 그는 진심이다. 당신이 느긋한 모습을 보여줘야만 그가 평소 모습으로 돌아올 것이다.

• 당신의 개인적인 문제를 그가 해결해줄 수 있다고 생각하지 마라. 당신 스스로 성장해야 한다.

• 그가 당신에게 계속 호기심과 도전의식을 느낄 수 있도록 하라.

• 그가 떠날 수밖에 없다면 조용하게 보내줘라. 억지로 붙잡아봤자 역효과만 일어난다.

🪑 언제나 모험을 갈망하는 남자들에게

• 모험과 성장이 당신의 발전을 위해서 필요하다는 사실을 인정하고 존중해라.

• 당신의 모험 욕구를 이해해주고 안전함을 최우선의 가치로 삼지 않는 여자를 택해라.

• 당신의 긍정적인 도전을 응원해줄 수 있는 여자를 만나라. 끊임없이 성장하는 여자는 당신에게도 큰 자극이 된다.

• 남자가 변화를 통해 성장한다는 사실은 분명하다. 그러나 그 대상이 꼭 그녀여야 할 필요는 없다. 한쪽이 상대방을 위해서 희생하는 것은 진정한 변화가 아니라 변화라는 이름의 가면일 뿐이다.

• 세상에서 가장 위대한 모험은 진정한 자신을 찾고 자신의 가장 숭고한 가치를 실현하는 일이다. 이 발견이 주는 전율은 절대로 줄어들지 않는다.

10

흑기사를 자처한 남자들의 최후

> 인간의 구원에는 세 가지가 필요하다.
> 믿어야 할 것을 아는 것, 추구할 것을 아는 것,
> 해야 할 것을 아는 것이다.
>
> ─ 성 토마스 아퀴나스Thomas Aquinas

'내 여자는 이래선 안 되고 저래서도 안 돼.'

누구나 자신이 만나는 이성에게 바라는 점이 있을 것이다. 그러나 간혹 지나치게 상대를 통제하려는 남자들이 있다. 상대방을 자기 마음대로 바꾸려 하고 자신이 원하는 대로 관계를 이끌어가려고 하는 것이다.

이것은 거의 투쟁에 가깝다. 남자들은 때로 이런 투쟁에서 자신의 정체성을 찾으려 하고, 잘되지 않을 경우 마치 지구를 구하는데 실패한 영웅처럼 무기력함을 느낀다.

이런 성향의 남자들은 연애 초기엔 오히려 섬세하고 따뜻하고 이해심 많은 것처럼 보인다. 그래서 여자들은 자신의 구원자가 나타난 것 같은 착각에 빠지기 쉽다.

그러나 이런 남자들은 누군가를 구원하려 하면서 결국 자신의 행복을 깎아먹고 있다. 아이러니컬하게도 통제하기 좋아하는 남자들은 무의식적으로 자신의 뜻에 반하는 여자를 만나 힘든 관계를 만들어가는 경향이 있다. 그러면 서로 힘겨루기를 하게 되고, 시간이 지날수록 균형과 행복을 찾는 일보다 싸움에서 이기는 것이 더 중요해진다. 그러나 잘못된 관계를 쉽게 포기하지 못하고, 서로 바닥을 본 후에야 헤어질 것을 택한다. 그리고 또다시 순탄치 않은 관계를 선택한다.

'구원'은 사랑이 될 수 없다

따뜻한 성격을 가진 과학자 앨런은 여자들을 무척 좋아한다. 흔히 말하는 '조건 좋은 남자'인 그는, 베푸는 것을 즐기며 여자에게 많은 것을 바라지 않는다고 자부한다. 그는 몇 명의 여자들과 거의 결혼과 다름없는 장기간의 연애를 해왔으며, 그중 한 명과는 실제로 결혼까지 하기도 했다.

그러나 그는 기본적으로 그저 '법'의 속박에 불과한 결혼에 반대하는 입장이다. 사귀던 여자 중 한 명이 결혼을 간절히 원해서 어쩔 수 없이 했던 것뿐이다. 그는 형식적인 결혼을 택했던 것을 후회한다고 말한다.

"진지하게 만났던 여자가 몇 명 있어요. 첫 번째는 타라라는 여자였는데, 우린 무척 사랑했고 약 1년간 같이 살았어요.

그녀는 참 신비로운 여자였어요. 아버지 때문에 집에서 가출했는데, 과학자였던 타라의 아버지는 제2차세계대전에 참전해 한쪽 눈을 실명한 후 난폭하게 변했다고 하더군요. 그녀는 아버지를 증오했고, 덩달아 이성적이고 과학적인 모든 것을 싫어했어요.

대신 신비주의에 관심이 많았죠. 여름에 야외에 돗자리를 깔고 잠을 자고, 무작정 도보 여행을 떠나기도 하고. 그녀와 함께하는 시간들은 마냥 행복했습니다."

자유로운 영혼을 가진 그녀는 자신의 직업인 과학 분야를 증오한다는 점을 제외하고는 아주 좋은 여자였다. 그는 그녀의 그런 면을 위험 신호로 받아들이지 않았다.

"타라는 계속해서 신비주의를 추종했고, 툭하면 저의 이성적인 측면을 탓했어요. 당시 제가 컴퓨터 프로그래밍 수업을 들었는데, 그것이 그녀와 멀어지는 결정적인 계기가 되었죠."

앨런은 타라를 사랑했지만, 그녀의 세계로 들어갈수록 자신을 완전히 잃어버리는 듯한 느낌을 지울 수 없었다. 중심을 잃지 않고 균형과 정체성을 되찾기 위해 노력했으나, 그럴수록 타라는 오히려 그가 자신과 거리를 두려 한다고 여겼다. 그리고 마침내 아버지를 향한 그녀의 오랜 분노가 되살아났다.

"그녀의 눈에 제가 아버지처럼 보이기 시작한 거죠. 난 그냥 나일 뿐이라고 아무리 말해도 소용이 없었어요. 과학에 관련된 일을 하는 저를 못마땅해 했고, 결국 자신과 비슷한 다른 남자에게 가버렸어요."

둘의 관계는 처음부터 시한폭탄을 품고 있는 셈이었다. 그녀는 앨런과 아버지가 전혀 다른 사람이라는 걸 명확히 인식할 만큼, 건강한 심리 상태를 갖고 있지 않았다.

그런 점이 앨런에게는 '도전'으로 느껴졌고, 오히려 그녀에게 끌리게 만들었다. 그는 스스로 문제를 해결할 능력이 있다는 것을 증명하고, 타라의 마음 깊은 곳에 존재하는 아버지에 대한 증오를 이겨내도록 도와줄 수 있다고 믿었다. 그녀의 구원자가 되기를 자처한 것이다.

제럴드 엡스타인 박사는 남녀 간의 기질에 대해 이렇게 설명한다.

"똑같이 지배적인 본성을 가진 두 사람은 오래도록 함께할 가능성이 아주 낮죠. 둘 다 호탕한 성격이거나, 반대로 둘 다 쉽게 화를 내고 불안정한 유형이어도 잘 맞지 않아요. 유쾌하면서도 쉽게 화를 내는 성격을 동시에 지닌 사람도 힘들고요. 한쪽이 지나치게 완고하면 어떤 식으로든 충돌이 일어나고, 관계를 오래 지속해나가기 힘들죠. 같이 살면서도, 두 사람 다 상대방에게 먼저 베풀지 않는 커플도 있어요. 받으려고만 하는 겁니다.

기질적인 특성은 그 사람의 근본과 관련된 문제이므로, 상대가 바뀔 수 있다거나 자신에게 맞춰야 한다는 식의 생각은 곤란합니다. 그 사람을 있는 그대로 받아들여야 해요."

앨런과 타라의 경우, 기본적으로 성향이 너무 달라 갈등이 악화된 경우다.

"그 후 캐롤린이라는 여자와 10년 동안 같이 살았습니다. 거의 부부나 다름없었죠. 친구의 소개로 만났는데, 재치 있고 털털한 여자였어요. 다행히 우리 둘 다 과학에 관련된 공부를 하고 있었죠. 처음 만났을 때는 둘 다 대학원에 진학할 계획이었어요.

그녀를 알게 되고 얼마 후 제가 접촉사고를 당한 적이 있었는데, 그때 캐롤린이 전화가 와서는 제가 사고 나는 꿈을 꾸었다는 거예요. 전 놀라고 감동해서 곧바로 그녀에게 달려갔죠."

그가 캐롤린에게 감동받은 이유는, 언제나 꿈꿔온 대로 그녀가 신비롭고 이성적인 모습을 두루 갖춘 여자처럼 보였기 때문이다. 과학을 공부하면서도 예지몽에 대해 이야기하는 여자였다.

사람들은 자신에게 부족한 점을 가진 이성에게 끌리는 경향이 있다. 그 사람과 함께하면 마치 자신의 부족한 점을 채우게 되어 완전해질 수 있을 것 같은 느낌이 들기 때문이다.

하지만 이런 식의 기대는 늘 어긋나기 마련이다. 한쪽이 다른 쪽에게 '필요'를 느끼면 둘 사이에 힘겨루기가 벌어질 수밖에 없기 때문이다.

"대학원 때 우린 같은 구역으로 갔어요. 제가 그녀를 끌어들여 같은 실험실에 들어갔죠. 그녀는 경쟁심이 워낙 치열해서 교수들과 매번 엄청나게 싸웠어요. 중간에서 중재하느라 제가 늘 애를 먹었죠. 양쪽 다 제겐 중요했으니까요. 친구 하나가 그러더군요. 바보 같은 짓이라고, 제가 필요 이상으로 그녀의 문제를 오래 끌고 있다고요. 폭탄을 너무 오래 덮고 있다는 거였죠. 좀 더 일찍 터지게 내버려뒀다면 파괴력이 훨씬 약했을 거라고 말이에요."

앨런은 난관에 처한 캐롤린을 끊임없이 구해줌으로써 사랑을 증명해 보이려 했다. 교수들과의 문제를 해결하고, 그녀와의 관계를 개선하는 데 엄청난 시간과 에너지를 쏟아 부었다. 그리고 자신의 그런 노력을 통해 그녀가 만족하고 바뀌기를 바랐다.

당연한 말이지만 밖에서 그녀의 문제 때문에 진을 뺄수록 집에 돌아와서는 그만큼 일상에 소홀해질 수밖에 없었다. 그는 힘들어하면서도 관계를 쉽게 포기하지 못했고, 실험실에서의 문제가 해결되면 전부 다 괜찮아질 거라고 애써 믿으며 그녀의 불평을 견뎠다.

엡스타인 박사는 그가 스스로 '흑기사'를 자처하고 있다고 말한다.

"구출 욕구입니다. 힘든 여자를 선택해 자신이 그녀의 흑기사가 되어주는 거죠. 힘든 상황이나 억압적인 가족 환경으로부터 그녀를 빼내고 스스로 힘을 증명하는 거예요.

그녀를 구출한 다음에는 상호적인 욕구가 사라지죠. 그녀는 구출되었고, 그는 그녀를 구출해냈으니까요. 다시 말해 그는 이제 그녀에게 흥미를 느끼지 못하고, 그녀에게도 그가 필요하지 않게 되는 거예요. 그러면 각자 헤어져 다른 길을 가야 하는데 그러지 못하죠. 그녀는 그에게 고마움을 느끼고, 그는 그녀에게 충실함을 느끼기 때문이에요.

하지만 그저 서로의 이미지를 실현시킨 셈일 뿐이죠. 남자는 또 다른 길로 떠나고 싶어 합니다. 다음에 구출할 상대를 찾아야 하니까요."

앨런은 자신의 공간을 만들고 싶어서 차고 한 구석에 조그만 휴게실을 만들었다.

"애완견 빼고는 아무도 들어올 수 없는 저만의 공간이었어요. 집안 전체를 통틀어 그녀 마음대로 하지 않은 게 없었거든요. 제가 만든 휴게실만큼은 그녀가 침범하지 않도록 했어요.

그러자 그녀는 제가 거기에 틀어박혀 뭔가 꿍꿍이를 꾸미고 있다며 화를 냈죠. 실험실에서는 그녀를 방어하고, 집에서는 그녀와 싸우느라 전 갈수록 지쳐만 갔습니다."

앨런의 휴게실은 경계와 존중, 주도권에 대한 그의 욕구를 대변한다. 그곳은 그녀의 요구에 관계없이 앨런 스스로 통제권을 쥐고 생각을 뒤돌아보면서 가다듬을 수 있는 공간이었다.

이렇게 개인적인 시간과 공간은 둘의 관계에 큰 도움이 된다. 아무리 사이좋은 커플일지라도 두 사람이 각자의 취미와 분리된 인간관계를 가지면서 자신의 존재와 자신에게 중요한 것들을 돌아볼 수 있어야 한다.

그러나 캐롤린의 상황은 나아지지 않았고, 앨런은 그녀에 대한 존중심을 잃어가고 있었다. 게다가 자신이 그녀와의 문제를 해결할 수 있다는 믿음과 자신감마저 사라져갔다.

남자들은 남녀관계에서 해결하기 어려운 문제에 부딪혔을 때, 그녀와 거리를 두고 일에 몰두하는 경향이 있다. 일에서만큼은 통제권을 쥐고 성공적으로 임무를 해낼 수 있기 때문이다. 그들에겐 '성취감'이 필요한 것이다.

처음에 앨런은 자신이 나서서 캐롤린의 문제를 대신 해결해줄 수 있다고 생각했지만, 그것은 처음부터 틀린 생각이었다. 아무리 간절하게 노력한다고 해도 남의 문제를 대신 해결해줄 수는 없는 법이다.

그런데 '구출자'들은 상대방과의 관계가 무익해져도 떠나지 않고 오래 머무르는 경향이 있다. 새로운 미래를 설계하지 못하고 결코 이길 수 없는 싸움에 끝없는 시간과 에너지를 쏟아 붓고는 힘이 전부 빠져서 쓰러져야만 겨우 포기한다.

그는 사랑과 지성의 힘으로 그녀의 세계를 바로잡을 수 있다는 생각이 허세에 불과하다는 사실을 깨닫지 못했다. 문제가 해결되지 않자 그는 스스로의 정체성과 성공 능력에 타격을 받았다. 이 것은 두 사람 모두를 승산 없는 상황에 가둬버리는 치명적인 패턴 이다. 남자는 자신감을 잃어버리고 여자는 자신의 문제에 정면으 로 맞서서 해결하는 법을 배우지 못하기 때문이다.

신경언어학 프로그래밍 트레이너이자 테라피스트이며 《마음의 작업(Mind Works)》의 저자인 애니 린덴Annie Linden의 말을 들어보자.

"요즘은 남녀의 역할에 큰 혼란이 생겼습니다. 오랜 시간 동안 남녀의 역할은 고정되어 있었고, 모두가 그에 대해 잘알고 있었죠. 그러나 여자가 남자의 소유물 취급을 받고, 행동이나 사고 능력이 아닌 '남자를 보살피는 능력'만 인정을 받았다는 점에서 올바른 관 계는 아니었어요. 남성에게는 어느 누구도 보살핌의 능력을 요구 하지 않았습니다.

그러다 경제적인 자유가 생기고 교육 수준이 높아지면서 여자도 더 많은 것을 요구할 수 있게 되었죠. 하지만 그렇다고 그녀들이 남자를 떠나지 않았죠.

남자들은 자신의 역할에 대해 자문합니다. 보살핌을 받는 게 남 자답지 못하다고 여겨, 스스로 구출자가 되려 해요.

이제 남녀 사이에 있는 것은 '벽'이 아닌 '경계'입니다. 역할이 확실히 구분되는 벽이 있을 때는 오히려 쉬웠습니다. 그러나 이제 는 주고받는 관계가 되어 남자에게 예전과 달리 복잡한 역할이 요구되는 거죠.

여기서 중요한 것은 남녀가 각자 최대한으로 성장해서, '분리된 개인'으로 존재해도 괜찮을 정도가 되어야 한다는 점입니다. 말하자면 따로 떨어진 두 개인이 함께 하나의 여정을 시작하는 거죠.

상대방이 당신의 욕구를 전부 충족시켜 주리라고 기대하지 마세요. 스스로 자신의 인생을 꾸려 나가고 문제를 해결해야 합니다. 상대가 아무리 완벽해도 그를 통해서 자존감과 만족감을 얻을 수는 없습니다. 친구들도 만나고 취미활동도 하면서 개별적으로 자신을 발전시켜 나가야 합니다.

두 사람 모두 자신을 먼저 행복하게 해주고 자신의 삶을 창조해 나가는 거죠. 누군가와 자신의 삶을 공유하는 것이지, 그 사람과의 관계가 내 삶의 유일한 목표가 되어서는 안 됩니다. 기억하세요. 자신의 행복은 자신이 만들어야 한다는 걸요."

당신이 올라탄 것은 구명보트인가 닻인가

엘리는 30대 후반의 성공한 사업가다. 그는 스물두 살에 결혼해 서른의 나이에 세 아이의 아버지가 됐다.

"30대 초반엔 정말 우울했어요. 전 매너리즘에 빠졌고 설상가상으로 아내에 대한 사랑도 식어버렸어요. 아내와는 20대 초반에 만났는데, 솔직히 그 나이에 뭘 알았겠어요? 상담 치료도 받아봤지만 소용없었어요. 사랑하지 않는데 어쩌겠어요? 우린 결혼 준비 때부터 조짐이 안 좋았어요. 비용 부담 문제 때문에 자주 다퉜지만 거기서 멈출 용기는 없었죠.

아내가 친구와 동업으로 아동복 매장을 차렸는데 잘 안 돼서 빚을 지게 됐죠. 제가 공동보증을 섰는데, 매일매일 돈 때문에 힘들었죠. 그런데도 정작 아내는 빚에 대해 별 신경을 안 쓰는 눈치더군요. 문제를 직면하지 않고 외면하는 게 그녀의 방식이죠."

엘리는 그 상황에서 큰 외로움을 느꼈다. 다른 사람들 보기에도 창피했을 뿐 아니라 함께 문제를 해결할 사람이 아무도 없다고 느꼈다.

"그때 제게 놀라운 일이 생겼어요. 다른 여자와 사랑에 빠진 거예요. 부부동반으로 어울리던 친구의 아내, 보니였죠. 그녀도 개인적으로 힘들 때라, 서로의 상처를 알아봤는지도 몰라요.

제가 다니던 회사에 그녀의 일자리를 마련해주게 됐는데, 어느 날부터 그녀가 새롭게 보였어요. 그녀도 저처럼 노래하는 음유시인 레너드 코헨Leonard Cohen의 노래를 좋아했어요. 제가 그 노래를 틀 때마다 아내는 몹시 싫어했거든요. 보니와는 같이 콘서트에도 가고 그녀가 제게 시집을 선물해주기도 했죠.

우린 마치 소울메이트 같았어요. 정말 강력한 끌림이었죠. 그때 전, 제게 딱 맞는 짝을 만나고 싶었어요. 전 너무 오랫동안 외로웠다고요.

아내가 아이들과 함께 플로리다에 놀러 간 일주일 동안, 저는 보니와 열정적인 시간을 보냈어요. 우린 각자의 배우자들과 헤어지기로 결심했죠. 부부동반으로 어울리던 친구들이었기 때문에 정말 쉽지 않은 일이었어요. 플로리다에 있는 아내에게 전화를 걸어 자초지종을 말했더니 아내가 아이들을 데리고 곧바로 집으로 돌아왔어요. 전 겁에 질린 아이들을 뒤로하고 아내를 떠났습니다.

지금 생각하면 정말 후회됩니다. 제가 아내와 아이들에게 너무 큰 상처를 준 것 같아요. 하지만 그때 우리 부부는 12년 동안 제대로 된 대화가 없던 상태였고, 서로 원망만 쌓여가고 있었죠. 제겐 다른 방법이 없었어요. 이미 보니를 사랑하고 있었으니까요."

절망적인 상황에 빠진 남자들에겐 '외도'가 완벽한 해결책처럼 느껴진다. 현재의 그녀를 떠날 핑계가 되어줄 뿐 아니라, 새로운 그녀가 그동안 갈망해온 여자처럼 보이기 때문이다. 마치 사막에서 갈증으로 죽어가던 남자가 오아시스를 발견한 것처럼.

"보니와 함께 있으면 마치 고속질주를 하는 것 같았어요. 더 이상 행복할 수가 없었죠. 이 기회를 붙잡지 않으면 영원히 불행할 것 같았어요. 그 생각이 저를 움직이게 만들었죠. 지금 하지 않으면 영원히 못한다는 생각 말이에요.

그때 전 마치 물속으로 던져져서 허우적대는 사람 같았죠. 계속 앞으로 가지 않으면 물에 빠지는 그런 상황이요. 전 아내에게 제 인생을 구해야겠다고 말했어요. 보니와의 관계가 제게 일종의 구명보트처럼 느껴졌지만, 사실이 아니었죠. 닻이었어요. 그 후 전 물 밖으로 그 닻을 꺼내려고 안간힘을 썼습니다."

우울함이나 탈출 욕구에서 시작된 관계는, 상대에게서 느끼는 행복감이 줄어들면 또다시 같은 문제가 수면 위로 드러나게 된다.

"보니와 20년을 함께했어요. 제가 출장 갈 때도 그녀를 데리고 다닐 정도로 우린 늘 붙어다녔어요. 그녀는 제게 파트너 이상이었죠. 하지만 아무리 노력해도 그녀를 제게 헌신하게 만들 수는 없었어요. 제 프러포즈도 거절했으니까요. 우린 헤어지고 다시 살고를 반복하다가 결국 제가 집을 나왔어요."

그는 두 번 실패할 수는 없다는 생각에 관계를 지속하려 애썼지만 쉽지 않았다. 그녀의 생각을 바꾸기가 힘들었기 때문이다. 엘리가 잘못된 흐름을 멈추고 마침내 보니와의 관계를 포기하기까지는 오랜 세월의 투쟁이 필요했다.

그 과정에서 그녀를 통제하고자 하는 그의 욕구를 포기해야 했고, 그녀의 문제를 자신이 고칠 수 없다는 사실을 깨달았다. 그녀가 그에게 헌신하지 못하고 설사 다른 남자를 만난다고 해서 그 자신이 사랑받을 자격이 없는 건 아니었다.

이전의 관계에서 비롯된 죄책감을 안고 있는 경우, 남자들은 일부러 바로잡을 수 없는 관계를 선택하곤 한다. 자신이 원하는 것을 충족할 수 없는 그 관계를 통해 무의식적으로 벌을 받으려고 하는 것이다. 죄책감과 자책감은 개인의 행복과 성공을 가로막는 가장 큰 방해물이다.

"타다 남은 불꽃이 강렬했어요. 저한테는 충실함과 신뢰가 중요하기 때문이죠. 전 그녀를 믿었고 그녀는 저에게 솔직했습니다. 아무리 그녀가 미웠던 순간에도, 제가 한 말에 그녀가 앙심을 품을 거라고 생각해본 적은 없어요. 그녀도 저에게 그런 진실한 마음을 품고 있었고요. 자신이 만나는 남자들에 대해서까지도 전부 이야기했으니까요. 전 그녀에 대해 잘 알고 있었어요."

형이상학적인 관점에서 볼 때, 엘리와 보니는 자신들의 상대를 고통으로 밀어넣고 시작된 관계이기 때문에 도저히 이루어질 수 없다고 말하는 이들도 있을 것이다. 혹자는 인과응보적 관점에서 두 사람이 혹독한 대가를 치르고 있다고 말할지도 모른다. 잘못된 과거가 현재의 삶에서 행복과 성취감을 얻지 못하도록 막고 있다고 말이다.

어쨌든 엘리는 보니와의 오랜 관계에서 많은 것을 깨달았고, 그를 통해 새로운 사랑에 성공하고 싶어 한다. 그는 도저히 채워지지 않은 보니와의 관계 때문에 절박함을 느껴, 그녀를 포기하고 자신에게 헌신해줄 새로운 여자를 찾는 일을 거부했다. 무려 20

년 동안이나 말이다. 그 대신 통제 욕구에 이끌린 힘겨루기에 사로잡혀버렸다.

"다시는 소중한 사람을 만날 수 없을까 봐 걱정되기도 합니다. 이제는 어떤 여자를 보면 그 여자와 사귀면 어떤 일이 펼쳐질지 그림이 그려져요. 예전보다 여유가 생겼죠. 집착에서 벗어났기 때문인지도 모르겠네요. 제가 다시 새로운 인연을 만날 수 있을까요? 정말 그랬으면 좋겠어요."

어려움에 정면으로 맞서고 양보하는 마음을 갖지 않는다면, 엘리가 그렇게도 갈망하는 따뜻함, 친밀감, 사랑을 얻을 가능성은 희박하다. 또 두 사람 사이에 문제가 될 만한 요소들을 초기에 알아채고 원천봉쇄하는 것도 중요하다. 성숙한 사랑은 갈등을 두려워하는 것이 아니라, 갈등이 발생했을 때 대처하고 이겨내는 것이다.

"스스로 연약한 존재라는 걸 인정해야 하겠죠. 앞으로는 문제가 생기면 그때그때 해결하고, 갈등의 골을 깊게 만들지 않을 거예요. 저 자신이 행복하고 즐거워야만 해요.

남자들은 자신의 존엄성과 남성성을 지키고 싶어 해요. 여자들에게 한마디만 할게요. 그 남자를 사랑한다면, 그가 남자다움을 느낄 수 있게 해주세요. 자신이 유능하고 책임감 있고 여자에게 매력을 주는 남자라고 느끼도록 말이에요.

남자가 스스로 중요한 존재라고 느끼려면 '성공의 감정'이 중요합니다. 직장에서의 위치나 직장 내에서의 인간관계 같은 것도 그 중 하나가 되겠죠.

서로 깊은 감정을 공유하면서도 혼자만의 시간을 가질 수 있도록 배려해줄 수 있는 관계가 좋은 것 같아요. 스스로 자신을 보살필 줄 알면서도 상대방을 따뜻하게 위해줄 수 있는 그런 여자를 만나고 싶어요. 그렇다면 정말 행복할 것 같네요."

🪑 해결사 역할을 해줄 남자를 기대하는 여자들에게

- 자신의 문제를 스스로 책임져라. 그에게 떠맡기지 말고 스스로 해결해라. 당신을 구해줄 남자는 세상에 없다.

- 그가 자신에 대한 존엄성을 느낄 수 있도록 그의 성공을 기뻐하고 지지해주어라.

- 문제를 분담하고 모든 면에서 진정한 파트너가 되려고 노력해라.

- 그에게 사생활과 혼자만의 시간을 주되, 당신의 충실함을 느낄 수 있도록 해주어라.

- 그의 관심사를 함께하고 당신의 관심사도 그와 나눠라.

- 무엇보다, 그에게 솔직해라.

🪑 여자를 돕는 것이 남자의 진짜 능력이라 믿는 남자들에게

- 그녀를 구출하려고 하지 마라. 그러고 난 다음에는 더 이상 당신이 할 일이 없어질 것이다.

- 그녀가 스스로 문제를 해결하도록 내버려 두어라. 또 그녀의 문제를 해결한다는 핑계로 당신의 문제를 회피하지 마라.

- 진정한 정체성을 쌓아가기 위한 시간을 보내라. 그녀를 통제하는 것과 별개로 당신의 진정한 가치를 찾으려고 노력해라.

- 원하는 것을 얻지 못하는 관계가 계속해서 반복되고 있다면, 그 관계를 왜 포기하지 못하는지 한걸음 물러나 솔직하게 생각해보자. 무엇이 두려운가? 그 답을 찾은 다음 용기 있게 해결해라.

- 당신에게 파괴적인 영향을 끼치지 않고, 성공과 성장의 기회를 줄 수 있는 도전의 상대를 찾아라.

11

사랑이라는 가면을 쓴 학대

> 공기처럼 가벼운 사소한 일도,
> 질투하는 이에게는 성서의 증거처럼 강력한 확증이다.
> – 윌리엄 셰익스피어

생각보다 많은 여자들이 데이트를 할 때 혹은 가정 안에서 신체적·정신적으로 폭력을 당한다. 잘못된 남자인 줄 알면서도 언젠가는 변하겠지, 내가 더 사랑하면 되겠지 하면서 관계를 포기하지 못한다. 이리저리 끌려다니다 아까운 청춘을 다 써버리고, 인생의 동반자가 될 수 없는 남자 때문에 하루하루를 좀먹는다.

그러나 늘 여자 쪽이 피해자인 것만은 아니다. 사랑의 탈을 쓰고 남자들을 억압하고 학대하는 여자들도 많다. 남자들은 학대를 당해도 좀처럼 드러내기 힘들다. 일반적인 남성상에 자신이 위배된다는 자괴감과 스스로 강해지고 싶은 욕구 때문이다. 이런 상황

은 남자로 하여금 커다란 수치심을 불러일으키고 또 다른 폭력을
유발하기도 한다.

이런 남자들 중 다수는 스스로 폭력적이거나 억세고 비판적이
며 화를 잘 내는 여자에게 이끌린다. 그들과의 관계에 내재된 '도
전'을 갈망하는 것이다. 순종적이고 애정이 넘치는 여자들은 연약
하고 수동적이며 자존감이 낮다고 생각한다. 거칠고 까다로운 여
자일수록 스릴과 정복감이 커지기 때문에, 그런 여자를 옆에 두기
위해 도전하는 것을 즐긴다. 그러나 안타깝게도 그런 관계는 대개
파멸을 낳기 마련이다.

질투와 집착, 학대의 다른 이름

혈기왕성하고 잘생긴 이탈리아 남자 폴은 아내로 인해 학대적
인 상황을 겪었다. 그러나 쌍둥이 아들 때문에 아내에게서 벗어나
기가 무척이나 어려웠다고 한다. 그의 말을 들어보자.

"28세 때 어느 파티에서 케이트를 처음 만났어요. 갈색 머리의
미인이었죠. 한 달 후 그녀가 임신을 했고, 우린 5개월 후 결혼을
했어요. 모든 것이 일사천리로 진행되었죠. 결혼하고 그녀의 어머
니 집에 들어가서 살았어요. 처가는 엄격하고 보수적인 분위기였
고 전 아직 철부지였죠. 처음에는 그녀가 제 여자라는 사실이 너

무 행복했습니다. 정말 아름다웠거든요. 예쁜 여자와 함께 다니면 어떤 남자든지 우쭐해지잖아요."

남자들은 자신을 돋보이게 해주고 자신감을 북돋워줄 여자를 원한다. 그런 여자에게 사랑받는다는 사실 자체가 자신의 가치를 증명하는 일이라 여기는 것이다. 그러나 그녀가 겉모습만큼 내면도 아름답지 않다는 사실을 깨닫게 되면 그 자신감은 사라져버린다.

"장모님은 성격이 굉장히 안 좋았어요. 얼마 지나지 않아 아내 역시 성격이 불안정하고 질투도 심하다는 사실을 깨닫게 되었죠. 여자들이 나오는 TV 프로그램은 보지도 못하게 할 정도였으니까요. 플로리다로 휴가를 갔을 땐 해변에 나가지도 못했어요. 제가 비키니 입은 여자들을 쳐다보는 게 싫어서였죠. 모든 게 엉망진창이 되어버린 기분이었어요. 친구들과 맘 편히 만나 술을 마시기도 어려웠습니다."

지나친 소유욕과 질투는 학대의 한 형태다. 질투심에 사로잡히면 상대로 하여금 자기 자신을 포기할 것을 강요하기 때문이다.

케이트 역시 폴의 일상을 방해하고 자신에게만 옭아매려고 했다.

"어느 날 아내와 술집에 갔어요. 그런데 먼저 술집에 와 있던 오랜 친구가 저를 보고 볼에 입맞춤을 하면서 반갑게 인사를 했어요. 성별이 여자이긴 했지만 그냥 친구일 뿐이었죠. 그때 아내가 구석에 있어서 친구를 소개해주기가 애매했어요. 그 술집 구조상 어쩔 수 없었죠. 그래서 친구를 그냥 보냈어요. 상황을 설명했지만 이미 그때부터 아내의 표정은 굳어 있더군요.

그리고 제가 화장실에 갔다가 스쳐지나간 어떤 여자에게 웃으며 자리로 돌아왔는데, 아내가 갑자기 술을 제 얼굴에 끼얹는 거예요. 전 그냥 예의를 차리기 위해 미소를 지은 것뿐인데 이게 웬 날벼락입니까. 도대체 무슨 짓이냐고 소리치는 제게 '당신은 유부남이야. 어떤 여자에게도 인사하거나 입맞춤을 해서는 안 돼!'라고 말하더군요."

예의를 차리는 것과 추파를 던지는 것, 파트너가 불안을 느낄 만큼 다른 이성을 대하는 것은 어찌 보면 종이 한 장 차이일 수 있다. 거기엔 명확한 기준도 없으며 사람마다 모두 느끼는 정도가 다르다. 각자 용인할 수 있는 한계가 있고 두 사람의 관계에서 견딜 수 있는 수준이 있기 때문이다.

그런데 케이트의 한계점이 매우 낮게 설정되어 있었다는 게 문제였다.

"이뿐만이 아니에요. 길을 걷다가도 젊고 예쁜 여자가 지나가면 저를 감시하죠. 제가 어떻게 반응할지 뚫어지게 보는 거예요. 지옥이 따로 없어요."

아내의 심한 질투와 편집증에 가까운 집착은 그에게는 고통이었다. 모든 행동에 의심의 눈초리를 받아야 했고, 자연스러운 본능마저 완전히 거부당했다. 케이트는 타고난 상냥함, 친절함, 평범한 호의들을 모두 성적인 접근으로 해석했다.

"힘들어도 버텼습니다. 가족을 지키려고 말이죠. 아내가 외로워서 그러나보다 싶어 더 많이 사랑해주려고 했어요. 그리고 직장을 멀리 구한 뒤 주말부부로 지냈어요. 함께 보내는 시간을 줄이면, 더 애틋해지고 상황을 객관적으로 볼 수 있어 문제가 조금은 풀릴 거라고 생각했죠."

폴은 마치 사나운 파도에 휩쓸린 사람 같았지만, 아내의 의부증에 정면으로 맞서기로 했다. 이것은 건강한 삶을 위한 투쟁이며, 자기 존엄성을 지키기 위한 싸움이기도 했다.

이런 경우 남편들은 대부분 아내의 정신적인 결핍이 어느 정도인지 짐작하지 못한다. 자신이 아무리 노력해도 바로잡을 수 없다는 것도 말이다.

"친구들은 전부 아내의 상태가 심각하다며 당장 헤어지라고 말했죠."

그러나 당사자에겐 진실이 잘 들리지 않는 법이다. 상대방에게 정신적 문제가 있고 그것이 자신의 잘못이 아님을 깨닫기까지는 오랜 시간이 걸릴 수 있다.

"플로리다에 있는 제 부모님 댁에 갔을 때였어요. 다 같이 둘러앉아 영화를 보는데 섹스 장면이 나왔어요. 그때 갑자기 문이 쾅 하고 닫히는 소리가 들리더군요. 저는 깜짝 놀라 얼른 돌아보았죠. 아내였어요. '폴, 잠깐 나랑 얘기 좀 해. 지금 당장!' 하고 소리치기에 따라 들어갔습니다. 무슨 일이냐고 물었더니 '어떻게 그런 포르노 영화를 보면서 날 모욕할 수가 있어?'라고 하는 겁니다. 기가 막혔습니다. 부모님과 함께 있는 자리였고 오히려 망신을 준 건 제가 아니라 그녀였죠. 저희 부모님도 아내를 싫어했어요. 얼굴도 예쁜 여자가 도대체 왜 그러는지 이해할 수 없다고 하셨죠. 하지만 전 아내를 보살펴줘야 한다고 생각했어요."

케이트의 질투가 심해질수록 폴은 그녀를 '보살펴'주고 싶었고, 상황을 바로잡아 그녀에게 자신의 진심을 증명하려고 노력했다. 자신이 그녀를 떠난다면 그녀가 옳다는 것을 증명하는 것밖에 안 된다고 생각했다.

이런 상황이 위험한 이유는, 질투심에 사로잡힌 상대의 말을 점점 사실처럼 믿게 된다는 것이다. 마음의 병은 전염성이 강하다.

"전 가족을 위해 열심히 일했어요. 주택대출금, 공과금, 생활비 등 들어갈 돈이 많았으니까요. 낮과 밤에 두 가지 일을 하면서 최선을 다했어요. 그 점을 인정받고 싶었지만, 돌아오는 말은 늘 이런 식이었죠. '다른 집 남자들도 다 그 정도는 해.'"

폴이 존중받고 싶어 할수록, 그녀는 남편의 가치를 인정하지 않으려 했고 더욱 괴롭히며 옭아맬 뿐이었다.

"전 아내에게 날 좀 사랑해달라고 말했습니다. 친구들과 통화하면서 '내 남편은 정말 멋진 남자야.'라고 말해주길 바란다고요.

하지만 그녀는 절대 그러지 않았어요. 제가 적어도 고맙다는 말은 듣고 싶다고 하니까 '대체 무슨 소리야? 다른 남자들도 다 하는 일이야. 당신만 특별한 게 아니야!'라며 오히려 흥분했죠."

폴과 케이트의 관계는 마치 주인과 노예처럼 가학적이고 피학적인 관계가 되어갔다. 그는 그녀의 사랑을 얻기 위해 노예가 되었고 그럴수록 그녀는 그의 아픈 곳을 더욱 세게 때릴 뿐이었다.

"하지만 아이들 때문에 전 그녀에게 책임을 다했습니다. 가족을 위해서 최선을 다했다고요. 그런데 왜 제가 아내에게 존중받을 수 없는 거죠?"

이런 폴의 외침은 자기 정체성을 확인하고픈 외침이다. 그는 인간으로서의 가치를 아내의 손에 맡기고 있었다. 당연히 이러한 태도는 엄청나게 불행한 결과를 초래할 수 있다. 모든 사람은 결국 타인에 의해서가 아니라 스스로 정체성의 근원을 찾아야만 한다.

폴이 아무리 자신의 가치를 증명하려고 노력해도 케이트는 그의 사랑을 인정해주지 않았다. 그녀 자신이 그에게 사랑을 돌려줄 생각이 없기 때문에 남편을 모든 고통의 원인으로 치부해버렸다.

"전 그녀에게 애원했습니다. 사랑한다는 말만 해달라고요. 그러자 그녀는 '너무 화가 나서 지금은 그 말을 할 수가 없어.'라고 했죠. 형식적으로 사랑한단 말을 하긴 했지만 그녀가 절 사랑하지 않는다는 걸 저도 알고 있었습니다. 사랑이 느껴진다면 그걸 말로 해달라고 애원할 필요가 없죠. 자연스럽게 알게 되니까."

이러한 폭력적인 관계는 결국 성적으로나 정서적으로나 언젠가 곪아터지기 마련이다. 노예 역할을 하는 사람은 점점 스스로를 무가치하다고 여기고, 주인 역할을 하는 사람은 자신이 계속 주도권을 쥐고 있다는 그릇된 생각을 하게 된다.

"결국 일하기도 싫어졌습니다. 더 이상은 못하겠다는 생각이 들었죠. 아내는 제가 물질 공세를 할 때만 저를 원하곤 했으니까요.

어느 날 정말 크게 싸우게 됐어요. 길 건너에 새로 이사 온 여자가 우리 집에 인사를 하러 왔는데 아내가 보고 오해를 한 거죠. 마치 전쟁 같은 다툼이었어요. 생각하기도 싫네요. 싸움이 커져서 서로 온갖 욕을 했죠.

얼마 후 소파에 누워 있는데 갑자기 경찰차 소리가 들리는 거예요. 아내가 저를 협박죄로 신고했더군요. 저보고 집에서 나가라고 했지만 내 집이니 한 발짝도 나가지 않겠다고 했죠. 그랬더니 저를 폭행범으로 몰아 고소까지 했어요. 전 아내에게 손끝 하나 대지 않았는데 말이에요.

그 후 아내는 제게 이혼 서류를 보냈고, 저는 그래도 가정을 지키고 싶어 제발 이러지 말라며 사정했습니다. 그러나 자신은 하나도 잘못한 게 없고 전부 제 잘못이라는 거예요. 혹시 정말로 내가 문제 있는 사람인가 하는 생각이 들더군요."

이런 상황에서는 현실 인식 능력이 사라진다. 마치 모래 늪에 빠진 것처럼 누가 시작했고 어떻게 끝내야 하는지 알 수 없는 상황이 된다. 이런 상황에서 벗어나려면 근본적인 인식 자체에 변화가 일어나야 한다. 떠나는 것이 지는 것이 아니라 이기는 것임을 깨달아야 한다. 자신의 삶을 되찾아야 하기 때문이다.

"지금은 완전히 헤어져서 연락도 안 합니다. 그녀도 마찬가지고요. 아이들과 즐거운 시간을 보내는 다른 가족을 보면 마음이 찢어질 것 같습니다."

폴에겐 아이들을 위해서라도 이혼 이외에는 다른 선택권이 없었다. 그와 아내 사이의 싸움과 학대가 점점 심해지고 있었기 때문이다. 자칫하면 가족 모두에게 그 위험이 전파될 수 있었다.

불안정하고 외적인 확인에만 지나치게 의존하는 폴의 자아의식도 바로잡을 필요가 있다. 그는 내면의 자기 존엄성을 강력하게 발전시켜야만 한다.

"조금씩 자신감을 되찾아가고 있습니다. 아내는 전혀 그립지 않지만 집과 아이들은 그리워요.

제가 여자들에게 하고 싶은 말은 남자들에게 사랑을 꼭 표현해주라는 거예요. 그리고 대화를 많이 하세요. 그가 환영받는 존재라는 걸 알 수 있게요. 중요한 건 그런 거예요. 사랑하는 사람이 일터에서 돌아오면 입맞춤을 해주고 사랑한다고 말해주고 오늘 하루가 어땠는지 물어봐주는 것. 그의 삶에 관심을 가져주는 것. 남자들이 오직 책임감 때문에 일하는 게 아니라 기쁘게 일할 수 있도록 말이에요. 전 모든 사람에게 사랑받고 싶어요.

지금 만나고 있는 여자한테도 말했어요. 문제가 있으면 휙 가버리거나 전화를 끊어버리지 말고 꼭 대화를 하자고 말이죠."

완벽할 의무는 없지만 행복할 권리는 있다

날씬한 몸매와 넘치는 자신감을 가진 아서는 세계적으로 유명한 테니스 선수다. 지금은 세 번째 결혼을 해서 행복하게 살고 있지만 여기에 이르기까지 오랜 시간이 걸렸다.

"첫 결혼은 스물일곱에 했어요. 아무것도 모를 때죠. 처음 만났을 때는 상대방의 좋은 점만 보이잖아요. 하지만 같이 살기 시작하면 단점을 피해갈 수 없죠. 결국은 마음에 들지 않는 점이 더 크게 보여요.

아내인 타마라는 배우였어요. 결혼하고 나서야 아내가 무척 감정적인 성격에 알코올 중독이라는 사실을 깨달았어요. 그녀가 흥분해서 제정신이 아닐 때면 전 그저 멀리서 가만히 있는 수밖에 없었죠. 그러면 당연히 아내는 더욱 미칠 듯 날뛰었고요. 점점 더 폭력적이 되어갔어요. 우리 관계는 결국 끝장났지만, 아내 탓만 하지는 못하겠네요. 그녀도 힘들었을 거예요. 아마 우리가 너무 안 맞았던 거겠죠."

감정을 표현하기 힘들어하는 남자들은 자신을 대신해 그 역할을 해줄 여자, 즉 지나치게 감정적이고 변덕스러운 여자들을 찾는 경향이 있다.

그러나 아서는 타마라의 거친 감정 표현에 억압을 느꼈고 자주 혼란스러웠다. 또 그에 대처할 적절한 방법을 몰랐기 때문에 그녀가 감정을 폭발시킬 때마다 지치고 두려웠다. 그래서 뒤로 물러나 있을 수밖에 없었지만, 그런 행동은 그녀를 더욱 폭발하게 만들었다.

"타마라와는 만난 지 얼마 되지 않아 결혼했어요. 아내는 제가 갖지 않은 성향을 많이 가진 여자였어요. 또 제가 잘 모르는 분야에 박식해서 오히려 매력이었죠.

그런데 결혼 전 장모님이 제게 경고한 적이 있었어요. '저 애는 같이 살기 힘든 애야. 정말 괜찮겠어?'라고 말예요. 사실 지금도 장모님과는 잘 지냅니다. 타마라와는 약 5년 정도 살았죠. 여전히 인간적으로 그녀를 좋아해요. 아내 덕에 제가 정말 많이 성장한 것 같아요. 저 스스로에 대해서도 많이 알게 됐고요."

아서는 타마라와의 결혼생활을 되돌아보며 무엇이 문제였을지 생각해본다.

"우리가 처음 만난 게 뉴욕이었는데 결혼생활 내내 캐나다, 카나리아제도, 뉴질랜드 등 세계 곳곳에서 살았어요. 테니스 경기가 있을 때마다 옮겨 다녔으니까요. 제가 테니스를 그만 두게 되었을 때 아내가 옆에서 응원을 많이 해줘서 재기에 성공할 수 있었어요. 그동안 제가 최선을 다하지 못했다는 걸 알게 됐거든요.

그런데 아이러니컬하게도 제가 잘나간다는 사실이 아내에게 불만이 됐죠. 아내는 절 만난 후 작가의 꿈을 접고 제 커리어에 맞춰 살았으니까요. 물론 제가 강요한 것은 아니었지만요.

어쨌든 제가 선수로서 가장 성공했을 때, 급기야 아내의 태도가 돌변하고 말았죠. 해외에서 결승전을 치르고 있는데 전화가 왔어요. 자긴 지금 죽을 거니까 당장 와달라고요. 저한테 정말 중요한 대회였고 당시 전 선수로서 최고의 실력을 구가하고 있었죠. 하지만 그런 전화를 받고 나서 경기에 집중할 수 있었겠어요? 전 결국 경기에서 지고 말았어요. 경기가 끝난 후 전화를 하니까 아내가 괜찮다고 하더군요. 이제 안 와도 된다고요. 아내는 제가 경기를 망치길 바랐던 거예요. 고의로 절 방해한 거죠."

타마라는 이중적인 모습을 보였다. 남편을 사랑하고 지지하면서도 그가 크게 성공했을 때 자신이 혼자 남겨질까 두려웠던 것이다.

"아내는 자주 죽을 것 같다고 했어요. 한밤중에 깨워서 심장마비인 것 같다며 병원에 데려다 달라고 했죠. 병원에 데려가서 검진을 받아보면 항상 아무런 이상도 없었고요. 그래서 경기 중에 아내의 전화를 받았을 때도 거짓말인 걸 알았지만, 혹시 정말일지도 모른다는 생각에 돌아가야 할까 계속 불안했던 거예요.

사실 너무 절망스러웠습니다. 그녀만큼 절 응원해준 사람은 없었거든요. 그녀의 응원이 사라지고 제 테니스 인생도 끝났죠. 더이상 할 수 없었어요. 그녀의 태도가 바뀐 후 모든 것이 산산이 무너지는 느낌이었습니다."

난생 처음 받았던 누군가의 열렬한 지지가 사라지자 앨런은 무척 괴로웠다. 응원해주는 사람이 없어지니 커리어도 무의미하게 느껴졌다. 그는 아내와 테니스, 둘 중에 한 가지를 선택해야만 했다.

타마라는 강박증에 사로잡혀 자신이 어릴 적 어머니에게 당했던 행동을 아서에게 똑같이 했다. 많은 사람들이 자신을 공격한 사람과 동일한 행동을 누군가에게 반복함으로써 어린 시절의 트라우마를 극복하려 하는 경향이 있기 때문이다.

이렇게 사랑과 지지를 주었다가 중요한 순간에 빼앗아버린 그녀의 행동은 아서에게 커다란 고통을 안겨주었다. 타마라의 행동은 아서로 하여금, 적당한 때에만 자신이 원하는 것을 주곤 했던 어머니를 떠올리게 했다.

"전 남아프리카에서 유년기의 대부분을 보냈고 학교는 유럽에서 다녔고 중동에서도 살았어요. 어머니는 테니스에 대한 열정이 엄청난 분이죠. 여든 셋인 지금까지 대회에 출전할 정도니까요. 어머니는 자신이 주고 싶은 것만 주고 마음에 들지 않는 것은 전부 차단해버려요. 타마라와 마찬가지로 자기중심적인 분이죠. 희한하게도 두 사람은 참 많이 닮았어요."

어린 아이들은 부모의 사랑과 관심, 수용을 통해 활기를 찾고 인생에 가치를 부여한다. 아서의 어머니는 지나치게 자기 자신에게 열중해 있었고 아버지도 너무 바빴기 때문에, 아서는 늘 누군가의 인정과 지지에 목말라 있었다.

타마라의 그것은 결코 채워지지 않았던 어린 시절의 욕구를 채워주고 상처를 씻어주었다. 그러나 그것이 사라지자 어린 시절 느꼈던 무기력감이 다시 찾아와 스스로 가치가 없다고 생각하게 된 것이다.

"결국 타마라하고 저는 동거를 그만두고 각자 집을 구해서 만남을 이어갔어요. 연애시절로 돌아가려 했지만 잘 될 수 없었죠. 시간이 지나면서 지난날에 대한 분노와 원망이 쌓여갔습니다.

카나리아제도에 살 때 우리 둘 다 그쪽엔 전혀 연고가 없었는데, 그녀가 절 남겨두고 갑자기 집을 나간 적이 있어요. 대체 어디로 갔는지 짐작조차 할 수 없었죠. 질투심은 또 얼마나 심했다고요. 도저히 같이 살기 힘든 여자였죠. 정말 견디기 힘들었어요."

그 사람과 함께하기 위해 꼭 상대를 용서해야 하는 것은 아니다. 그러나 용서는 서로의 상처를 치유하고 각자 다른 최선의 길로 나아갈 수 있도록 해주는 가장 좋은 방법이다.

"전 그녀를 계속 원망하고 있었고, 두 번 다시 사랑을 할 수 없을 것만 같았어요. 그때가 벌써 제 나이 서른여섯이었으니까요."

아서가 다시는 사랑에 빠지지 못할 것 같은 두려움을 느낀 것은
사실 똑같은 상황으로부터 자신을 보호하기 위해서였다. 하지만
좋은 사람과 다시 사랑하고 싶은 마음이 더 컸기 때문에, 가까스
로 과거의 상실감에서 벗어날 수 있었다. 그리고 시간이 지날수록
타마라에 대한 부정적인 이미지도 조금씩 바뀌기 시작했다.

"절대 그런 일은 없을 거라고 생각한 순간, 다시 사랑에 빠졌어
요. 저보다 열다섯 살이나 어리고 외동딸에 무척 매력적인 엘라였
어요."

아서는 자신보다 훨씬 어린 여자를 선택함으로써 그녀가 자신
을 더욱 필요로 한다는 느낌을 받으며 관계를 리드해나갈 수 있었
다. 마치 그녀의 아버지가 된 기분이었다.

"처음 봤을 때 말을 걸까 말까 고민했어요. 당시만 해도 여자에
게 다가가기가 두려웠으니까요. 그런데 막상 만나고 보니, 나이는
어려도 저와 잘 맞더군요. 예전 아내와 비슷한 점이 보이긴 했지
만요."

겉으로는 달라 보여도 결과적으로 똑같은 성향의 여자와 계속
만나게 되는 경우는 매우 흔하다. 이럴 때 근본적인 패턴을 바로
잡지 않으면 다음에 만나는 파트너와의 사이에서 또 다시 같은 문
제가 발생하게 된다.

"전 예전부터 결혼이 좋았어요. 다시 사랑에 빠지진 않더라도

언젠가 결혼하리라고 생각했죠. 아이를 가지고 싶었거든요. 사랑을 하지는 않아도 누군가와 결혼을 하고 그녀를 존중하고 그녀가 옆에 있다는 사실에 감사하면서 살 수 있을 것 같았어요.

엘라는 똑똑하고 재치 있고 운동을 좋아했어요. 그녀와 함께라면 아이를 낳아도 좋을 것 같았죠. 그녀는 혼자 자라온 외동딸이었고, 그런 면에서 예전 아내와 정반대였어요. 왠지 제가 그녀에게 많은 도움을 줄 수 있을 것 같았어요. 하지만 그녀는 혼자 있는 것에 익숙한 사람이었죠."

엘라는 누군가와의 관계를 불편하게 여기는 경향이 있었고, 그것은 곧 의존적이지 않다는 뜻이었다. 그녀의 그런 점은 문제라기보다 장점처럼 보였다. 그는 엘라가 타마라처럼 소유욕이나 집착이 심하지 않을 거라고 생각했다.

그러나 사람은 누구나 그렇듯, 직접 겪어보지 않으면 모를 일이었다.

"결혼식 하루 이틀 전쯤에 그녀가 제게 '결혼하고 나면 다른 사람이랑 잘 수 없는 거예요?'라고 물었어요. 그때 문제를 직감했어야 했는데. 그녀가 아직 어려서 철이 없다는 걸 깨닫지 못했죠. 무슨 뜻이냐고 되물었더니 자신은 아직 일부일처제에 대한 준비가 안 되었다고 하더군요. 그래서 전 '나에게 솔직히 털어놓기만 한다면 다른 사람을 만나도 괜찮아.'라고 대답했어요. 걱정스럽기는 했지만 별일 없을 거라 여겼죠."

아서는 또다시 인생의 동반자인 아내에게서 얻을 수 있는 지지와 안정감에 위협을 당하고 있었다. 힘들 줄 뻔히 알면서도 그가 아내의 제안에 찬성한 것 역시 흥미로운 일이다. 그녀보다 훨씬 '어른'인 자신이 참고 넘어가야 한다고 생각했던 것 같다. 그런 일을 문제 삼는 것 자체를 부끄럽다고 여겼는지도 모른다. 그러나 자기감정에 솔직하지 못하면 그것이 쌓이고 쌓여 언젠가 터지기 마련이다.

로버트 버크 박사는 이렇게 말한다.

"아서는 자신을 버린 어머니를 떠올리게 하는 엘라를 선택함으로써 어린 시절 느낀 모욕과 다시 맞닥뜨렸습니다. 마치 소 잃고 외양간 고치려는 것과 같죠. 똑같은 유형의 대상을 선택하고는 '예전과는 달라, 이번엔 극복할 수 있어.'라고 생각해요. 그래서 이전의 트라우마를 떠올리게 하는 사람을 선택하지만 잘 될 수가 없죠."

이런 경우 자기도 모르게 마음속 깊은 곳에서 학대 상황에 이끌릴 수도 있다. 상처와 고통을 직접 경험해야만 그것이 조금씩 씻겨나간다고 믿는 것이다.

아서가 자유로운 결혼생활에 동의한 것은, 대신 자신이 아내의 모든 욕구를 충족시켜주지 않아도 된다고 여겼기 때문이기도 하다. 첫 결혼 때처럼 자신에게 집착하는 아내의 질투심 때문에 곤혹스러워 할 일은 없을 것이란 생각에 안도감이 들었던 것이다.

어쩌면 아서는, 서로에게 자유로운 공간을 허락하고 원하는 것을 추구하도록 내버려두는 또 다른 유형의 사랑을 원했을지도 모른다. 이 관점에서 보자면 애착과 질투, 소유와 관련된 전통적인 남녀관계는 '사랑'이 아니라 일종의 '의존'일 수 있다. 아서의 선택은 무조건적인 사랑을 배우게 했고, 상대를 있는 그대로 받아들일 수 있게 만들었다.

"처음부터 아내가 다른 남자를 만나도 된다는 데 동의할 수는 없었어요. 아무리 생각해도 이해가 안 됐죠. 제가 만약 거절했다면 그녀는 저와 결혼하지 않는다고 했을 거예요. 전 벌써 서른일곱이었고 빨리 아이를 가져야 한다고 생각했거든요."

아서가 자유 결혼에 동의한 건 그녀를 잃을까 봐 두려워서이기도 했다. 다시는 사랑에 빠지지 못할까 겁이 났던 것이다.

"결혼은 했지만 따로 떨어져 살았어요. 전 뉴욕에서 일했고 그녀는 캘리포니아에서 살고 싶어 했거든요. 여름은 뉴욕에서 보내고 겨울에는 그녀가 있는 로스앤젤레스로 건너갔습니다. 로스앤젤레스에서 같이 사는 동안에는 둘 다 다른 사람을 만나지 않았지만 그래봤자 고작 6개월뿐이었죠."

아서는 따로 떨어져 산다는 사실이 마음에 걸렸는지 묻자 이렇게 대답한다.

"별로 그렇지는 않았습니다. 어쨌든 저도 무척 바빴으니까요. 전 클럽을 운영했고 매일 밤 연기수업과 리허설로 바빴죠. 자유로운 생활이었어요.

그런데 연휴가 낀 주말 동안 아내가 절 보러 오기로 해놓고 하루 늦게 도착한 거예요. 금요일에 오기로 했는데 왜 늦었느냐고 물었더니 어떤 남자하고 캠핑을 갔었다고 하더군요. 그 말이 절 미치게 했습니다. 다른 남자를 만나도 된다고 허락은 했지만 정말 그러다니요!

그녀가 절 만나러 오는 것보다 그 남자와 하루를 더 보내는 것을 선택했다는 사실을 깨달았죠. 너무나 큰 상처였고 도저히 참을 수 없었습니다. 결국 전 가장 중요한 우선순위가 되길 원했던 거예요. 어쨌든 그 사건이 우리 관계에 전환점이 되었습니다."

아서는 그동안 꾹 참아온 분노가 한순간에 터져 나왔다. 그동안 그녀에게 여러 가지로 무시당한다고 생각했던 것들이 폭발했다. 마침내 아서는 한계에 이르렀다. 그는 더 이상 고통을 원하지 않았다. 그동안 자신이 얼마나 학대당했는지 깨닫고 자신을 위해 싸워야겠다고 생각했다.

신경언어학 프로그래밍 강사이자 부부 문제 전문 상담가인 애니 린덴은, 계속적인 학대 상황에서 벗어나려면 다음을 명심하라고 말한다.

"우선 강력한 기본적 가치를 가져야 합니다. 그다음 자신의 가치에 따라서 자신에게 진정으로 중요한 것이 무엇인지 알아야죠.

남들 시선이나 사회적인 기준이 아닌 내면에서 일어나는 반응이어야 해요. 내면에 자신만의 가치를 가져야 합니다."

대부분의 남성들은 보기보다 정체성이 약하기 때문에 상대의 반응에 따라 안도하기도 하고 실망하기도 한다. 내면을 들여다보면서 자신만의 세계를 발전시키기보다, 자신보다 우월한 누군가를 보면 절망한다.

"또한 자신이 얼마나 가치 있는 존재인지 알아야 합니다. 자신의 존재가치를 부인하는 남자들도 있습니다. 사랑할 자격이 없다고 생각하는 것이죠. '난 지금 이 자리에 존재하며 행복해질 권리가 있다.' 이런 자기암시가 필요해요."

'당신은 학대 상황을 참고 있을 이유가 없다. 당신의 인생이 완벽하지는 않겠지만 학대받을 이유는 전혀 없다.' 아서 같은 남자들에게 해주고 싶은 말이다. 이런 마음가짐은 앞으로 살아가는 데 작은 힘이 되어줄 것이다.

아서는 학대 상황에서 벗어나기 위한 기나긴 여정을 막 시작했다. 그 투쟁은 더 이상 고통을 견딜 수 없다는 몸부림에서 출발한다. 많은 남자들이 그 투쟁을 힘들어하는 이유는, 너무나 오랫동안 자기 비하에 빠져 자신감과 신뢰가 무너졌기 때문이다. 스스로를 완전히 존중하지 않으므로 자신을 위해 투쟁하기가 어려운 것이다.

아서는 그녀에게 자신이 원하는 것을 요구해야 했지만 전혀 그

러지 못했고 자신의 고통을 그대로 알리지 못했다. 그 시점까지도
그는 여전히 그녀를 잃고 싶지 않았던 것이다. 그리고 그 관계가
자신에게 장기적으로 어떤 영향을 끼칠지도 깨닫지 못했다.

"전 현실을 있는 그대로 받아들였어요. 얼마 후 우연히 세 번째
아내가 된 하이디를 만나게 되었습니다. 하이디와는 같이 연기 수
업을 듣다가 만났어요. 사실 첫 번째 수업에서부터 제가 그녀에게
추파를 던졌죠. 처음에는 별로 관심을 보이지 않더라고요. 그런데
제가 캘리포니아로 돌아가기 전 마지막 수업 때 어떤 여자가 저한
테 같이 연습을 하자고 했어요. 바로 그때 하이디가 달려와서 그
여자 말고 자기하고 같이 하자고 했죠. 무척 기뻤습니다. 우린 그
렇게 시작했어요.

마지막 수업이 끝난 기념으로 모두 함께 술을 한잔 하러 갔어
요. 하이디와 저는 옆에 앉지도 않았어요. 그녀가 먼저 가겠다고
일어나면서 저만 빼고 모두에게 인사를 하더군요. 전 속으로 무슨
의미가 있다고 생각했죠. 그래서 다음날 그녀에게 전화했어요. 제
연락을 기다리고 있었더군요. 엘라와의 결혼생활에 지쳐갈 때쯤
하이디를 만난 건 정말 다행이었죠."

남자들은 결혼이나 연애의 끝을 직감하면서도 선뜻 떠나지 못
하는 경우가 많다. 그때 새로운 여자에 대한 이끌림을 발판 삼아
자유로워질 수 있는 힘을 얻곤 한다. 또한 새로운 여자는 자신이

아직 사랑받을 가치가 있다는 사실을 느끼게 해주는 수단으로 작용하기도 한다.

"어쨌든 전 캘리포니아로 돌아갔어요. 우연인지 운명인지 하이디도 2주 후 로스앤젤레스에 직장을 구하게 됐죠. 엘라에게 하이디 이야기를 했더니 자신이 버림받았다는 사실에 엄청나게 화를 내더군요. 물론 그런 일을 쿨하게 받아들일 수 있는 사람은 아마 없겠죠."

엘라는 아서에게 다른 여자를 만나라고 얘기해오면서도 정작 자신이 혼자 남을 수 있다는 사실을 깨닫지 못하고 있었다. 그녀는 '자유 결혼'을 통해서 아서가 떠나지 않고 자신 곁에 머무르도록 할 수 있다고 생각했는지도 모른다.

"제가 떠난다고 하자 엘라는 화가 폭발해서 제게 물건을 마구 집어던졌어요. 마치 장난감을 빼앗긴 어린 아이 같았죠. 그 모습을 보니 그녀가 결코 절 사랑한 게 아니었다는 생각이 들었어요. 어쨌든 그녀에게 상처를 주고 끝났다는 점에서 저도 마음이 좋지 않았습니다.

어쨌든 전 하이디가 저에게 완벽한 상대라고 생각했어요. 하이디는 광고 일을 했는데 굉장히 공격적으로 일하는 모습이 인상적이었죠. 어찌 보면 그녀는 내가 만난 사람들 중 가장 '성깔 있는' 여자지만, 그게 바로 제가 그녀를 사랑하는 가장 큰 이유입니다.

이젠 거친 여자에게 상처받지 않아요. 예전엔 엄청 예민해서 누가 무슨 말을 하든 우울해지곤 했어요. 하지만 두 번의 결혼에 실패해보니, 상대방의 어떤 모습이 저 때문이 아니라 그 사람 때문이라는 사실을 알게 되었죠.

어렸을 때 억압적인 아버지 때문에 강해야만 살아남을 수 있다고 생각했어요. 아버지로부터 절 방어할 수 있는 유일한 방법은 저도 같이 강해지는 것뿐이었어요."

제럴드 엡스타인 박사에 따르면 남자들은 터프하고 못되고 차가운 여자에게 끌린다. 정복할 수 없는 대상이기에 흥미로운 존재로 다가온다.

남자가 순종적인 여자에게 흥미를 잃는 것은 아주 흔한 현상이다. 남자들은 사냥꾼이다. 먹이를 사냥하는 순간 끝이다. 사냥의 전율이 사라지기 때문이다. 그러나 손에 넣을 수 없는 먹이는 사냥꾼에게 '도전'이 된다.

그러므로 여자는 결혼생활 내내 잡힐 듯 말 듯 긴장감을 유지하는 것이 중요하다. 물론 쉬운 일은 아니지만 말이다.

다행히 하이디는 결혼생활을 활기 있는 상태로 유지할 수 있는 요건을 갖춘 여자였다.

"하이디와 저 사이엔 예쁜 아이가 둘 있어요. 하이디를 맨 먼저 만났다면 이렇게 될 수 있었을지는 장담할 수 없네요. 실패한 두 번의 결혼에서 배운 점이 많아요.

예전 아내들과의 사이에 아이가 있었다면 달랐을지 모르죠. 아이가 있으면 책임감이 생기니까요. 두 번째 아내는 10년 동안 아이를 가지지 않겠다고 했어요. 요즘 같은 세상에 아이가 없으면 결혼생활의 토대가 없는 거 아닌가요? 동거가 일반화되어 있으니까요. 결혼의 목적은 두 사람이 서로 책임을 지고 아이를 가지기 위해서라고 생각해요. 예전 아내들과는 아이가 없었기 때문에 책임감도 부족했죠.

물론 육체적인 매력도 중요하죠. 또 저와 관심사를 공유하고 함께 취미생활을 즐기면서도, 저에게만 의존하지 않고 자기만의 생활이 있어야 해요. 자신만의 취미를 가지는 게 정말 중요하다고 생각합니다. 꼭 직장에 다녀야 하는 건 아니지만 서로 대화를 나눌 수 있는 취미와 관심 분야가 있어야 한다는 거죠. 많은 여자가 그 문제로 힘들어해요. 아이가 생긴 후로는 관계가 심심해져버리니까요."

정신적 역압을 받았던 남자를 사랑한다면?

• 학대받은 적 있는 남자는 상대방으로 하여금 학대 행위를 유발한다. 피학적으로 변하는 당신의 모습을 발견한다면 잠시 그에게서 멀어져 당신의 감정을 추슬러라.

• 그의 모든 상처를 치유해주려고 하지 마라. 그를 선택한 당신을 용서하고 각자의 길을 가라.

• 부조리한 상황을 용인하지 말고 정정당당하게 문제에 맞서라. 반드시 그럴 만한 가치가 있다.

• 사랑과 고통은 동의어가 아니다. 당신은 사랑받을 자격이 있다.

• 그의 커리어를 지지해주고 존엄성과 자기가치를 보호해주어라.

• 그를 존중해라. 그가 당신을 위해 기울이는 노고를 인정해주고 고맙다고 말해줘라.

• 정말로 그를 믿지 못하겠다면 떠나라. 믿음 없는 관계는 불행을 자초할 뿐이다.

학대적인 관계를 맺고 있는 남자들에게

• 사랑은 고통이 아니다. 사랑을 얻기 위해 고통의 대가를 치러야 할 필요는 없다.

• 둘 사이의 문제에 대해 그녀만을 비난하지 마라.

• 자기 존엄성을 높이기 위해 노력해라. 학대적인 관계는 자존감을 무너뜨린다.

• 과격한 행동을 계속한다면 당신은 떠날 수밖에 없다고 그녀에게 분명히 말해라.

• 당신이 그녀를 비롯해 다른 사람들에게 어떤 파괴적인 행동을 했는지 돌아보고 그 행동을 고쳐라.

• 모든 사람을 용서하려고 노력해라.

12
운명과 현실의
아슬아슬한 줄타기

사랑은 '나'를 없애지 않으면서
'우리'를 만들어낸다.
  - 작자 미상

누구나 운명의 상대를 만나고 싶어 한다. 마음이 통하는
영혼의 동반자, 즉 소울메이트를 꿈꾸는 것이다. 첫눈에 반해 나
누는 불 같은 사랑, 그리고 시간이 지나 그 터질 듯한 열정의 파도
가 가라앉은 후에도 변하지 않는 서로에 대한 일체감. 일생을 살
면서 그런 사람을 만날 수 있다면, 그리고 평생을 함께할 수 있다
면, 그 삶은 가히 축복받았다고 말할 수 있을 것이다.

한 번 그런 경험을 한 사람들은 사랑이 끝나도 더욱 그 감정에
집착한다. 조금만 더 찾으려 노력하면 그 절정의 기쁨을 함께할
상대가 어디선가 나타날 것만 같기 때문이다.

사랑에 '빠지는' 것과 사랑을 '하는' 것은 다르다

멋진 외모를 가진 열정적인 30대 후반 마누엘은 열한 살 때 영혼의 짝을 만났고, 그 경험이 자신의 인생을 송두리째 바꿔놓았다고 회상한다.

"어릴 적 폴란드에 살았었는데, 그때 소울메이트를 만났어요. 정말 갑작스러웠지만 분명히 알 수 있었어요. 제가 살던 마을은 아주 작아서 동네 아이들이 모두 한데 어울려 같이 놀곤 했어요. 거기선 부활절 이틀 후에 서로에게 물을 끼얹는 관습이 있는데, 애들한테 물을 뿌리다가 한 여자아이가 눈에 들어왔어요.

바로 그 순간 느낌이 왔어요. 둘 다 열한 살밖에 안 되는 어린 나이였지만, 전 그녀가 바로 제 소울메이트라는 걸 한눈에 알 수 있었죠. 단언컨대 지금 돌이켜봐도 그것이 제 인생에서 가장 성숙한 사랑이었어요. 한순간도 의심한 적이 없습니다.

그녀가 제 눈에 들어온 후 같이 어울리던 애들도 그녀와 제가 천생연분이라는 사실을 느끼기 시작했어요. 우리 둘 다 수줍음이 많아서 말은 하지 않았지만, 주변에서 아이들이 오히려 저희 둘을 이어주려고 했어요. 전 그녀에게 말도 걸지 못하고 그저 멀리서 지켜보기만 했죠. 친구들을 통해서 초콜릿 같은 선물을 보내고, 그녀도 답례로 선물을 보내왔죠.

어느 날 교회가 끝나고 그녀의 집에서 성찬식이 있었는데, 그녀가 절 초대했어요. 차마 갈 용기가 나지 않아서 바보처럼 안으로 들어가지도 못하고 자전거를 타고 그녀의 집 앞을 맴돌았죠.

그때 그녀의 어머니가 밖으로 나와서 케이크 한 조각을 주셨어요. 전 그걸로 충분했어요. 마치 그녀와 입맞춤하는 기분이었거든요. 정말 신비로운 감정이었어요. 마음 속 깊이 서로의 감정을 교류한 느낌이랄까요.

그때까지만 해도 그녀와 이야기를 나누거나 같이 시간을 보낸 적도 없었죠. 하지만 제가 그녀를 사랑하고 있다는 사실은 너무도 명확했어요. 그냥 생각을 하는 것만으로도 전 행복했고, 딱히 그녀에게 바라는 것도 없었어요. 그저 존재 자체가 감사한 일이었죠. 그녀에게 사귀자고 말하거나, 나중에 결혼을 약속하는 일 따위는 별로 중요하지 않다고 생각했어요.

그렇게 오랜 시간이 흘렀고, 우린 결국 사귀지 않았죠. 하지만 불현듯 지금이라도 그녀를 꼭 찾아야겠다는 생각이 들었어요. 예전에 제가 자전거를 타고 빙빙 돌았던 그녀의 집으로 다시 가봤지만, 이미 가족 모두 이사를 했더군요. 그녀는 결혼을 해서 아이도 있고, 남편이 아주 질투심이 심한 사람이라는 걸 알게 됐죠."

상대에게 아무것도 바라는 것이 없었다는 그의 이야기는, 세속적인 감각의 사랑에서 벗어나 순결한 감정 자체만으로 아름다울 수 있다는 것을 보여준다. 마치 동화처럼 신비로운 감정 말이다. 둘은 영혼의 교감만으로 충분히 행복했으며, 세속적인 접촉 때문에 오히려 자신들의 순수한 사랑이 더럽혀질까 겁을 냈다.

누군가는 이런 사랑을 그저 환상이라 치부해버릴지 모른다. 그녀에게 말을 걸거나, 그녀의 진짜 모습에 가까워지면 환상이 깨질 위험이 있기 때문에 마누엘이 그것을 거부했다는 것이다. 그러나 그 둘은 실제로 어린 나이임에도 불구하고 영혼의 교감을 느꼈다. 한눈에 소울메이트 상대를 알아보고, 일상적인 말이 필요 없는 고귀한 사랑을 경험한 것이다.

그가 어른이 된 후 그녀의 집을 다시 찾았을 때, 그는 현실에서 그녀를 만나보고 싶었다. 어린 시절과 똑같은, 마냥 순수한 감정이 아니라, 그녀에게 원하는 무언가가 생긴 것이다. 뒤늦게 그녀를 알고 싶고 그녀를 안아보고 싶은 욕심이 생겼지만, 그녀는 이미 그 자리에 없었다. 마누엘의 태도에 변화를 가져온 것은 그녀 자체가 아니라 그의 마음 상태였던 것이다.

우리 모두 내면 깊은 곳에는 완벽한 사랑, 완전한 행복, 절대자와의 교감 등 누군가와 영혼을 나눈 기억을 가지고 있다. 스스로 알아차리지 못하더라도, 마음속 어딘가에서 충만함이 차오르는 순간은 누구에게나 분명 존재했을 것이다. 그리고 그 일체감과 기쁨의 순간을 평생토록 갈구하며 살아가는 것이 인생이다.

때론 무절제한 육체적인 관계가 이를 방해하기도 한다. 이미 세속적인 사랑에 물들어버린 사람은, 그 순결하고 고귀한 감정을 잊어버리기 십상이다. 아무리 돌아가고픈 욕구가 강해도 잘 되지 않는다. 마치 어머니의 자궁에서 분리되는 탄생의 순간처럼 말이다.

레너드 오어는 사랑으로 인해 겪게 되는 모든 아픔은 출생의 트라우마에서 비롯된다고 말한다. 그것은 바로 인간의 원초적인 탄생에서 비롯된 고통이다. 사랑과 고통은 언제나 연결되어 있으며, 인간은 평생 '사랑은 아프다.'는 인식을 가질 수밖에 없다는 것이다.

어떤 이들은 영혼의 일체감을 경험하기 위해, 명상에 심취하거나 종교에 빠지기도 한다. 문제는, 사랑하는 사람에게 무의식적으로 그런 것들을 요구하게 되는 경우다.

미누엘은 만나는 모든 여자들에게서 무조건적인 사랑을 추구했다. 어린 시절 그녀와 나누었던 행복과 일체감, 그 강렬한 느낌을 다시 느끼고 싶었던 것이다. 그리고 짧은 순간이나마 두 번째 아내 카멜라와 비슷한 경험을 할 수 있었다.

"카멜라는 콜롬비아 출신이었어요. 무척 아름답지만 신경질적이고 조울증이 있는 여자였죠. 처음에는 가벼운 만남으로 시작했어요. 그녀가 기분이 좋을 때는, 섹스에서도 일상에서도 최고의 애인이었어요.

하지만 그러다가도 갑자기 차가워지곤 했어요. 하루아침에 부정적으로 변해버려서 마치 어두운 그림자처럼 찬바람이 쌩쌩 불었죠.

전 겁이 났어요. 그녀와 함께 있는 것이 싫었어요. 어제까지만 해도 저를 보면서 환하게 웃던 사람이 확 돌변한다고 생각해보세요. 정말 끔찍해요. 전 그녀와 완전히 하나가 되고 싶었고 그녀를 미치도록 사랑한다고 생각했어요. 그런데 그럴 때마다 그녀와의 관계에 보이지 않는 벽이 생기는 느낌이었죠.

여러 번 헤어지려고 했지만, 이상하게도 계속 만나게 됐죠. 진정한 소울메이트는 아니었더라도, 운명 비슷한 관계가 아니었을까요. 어느 날 제가 머리도 식힐 겸 유럽으로 여행을 떠난다고 하자, 그녀도 같이 가겠다고 따라나섰어요."

늘 만나던 공간이 아닌 타국에서의 여행은, 두 사람에게 현실을 새롭게 정립할 수 있는 완벽한 배경이 되어주었다. 서로가 갈구하던 로맨스와 일체감을 마음껏 경험하게 되었던 것이다. 둘 사이는 더욱 견고해졌고, 매일 겪는 새로운 모험들이 전희처럼 흥분으로 다가왔다.

"여행 내내 우린 그야말로 사랑에 빠져 있었어요. 카멜라는 계속 들뜬 모습이었죠. 조울증 때문에 나폴리 호텔에서 뛰어내리려고 한 적도 있었지만, 나머지 날들은 대부분 환상적으로 좋았어요. 그동안 반복됐던 어둠의 그림자들은 현재의 기쁨을 위한 드라마였다는 생각이 들더군요."

참으로 놀랍고 흥미진진한 발전이었다. 자살의 경계에 아슬아슬하게 매달려 있던 카멜라였지만, 여행을 통해 두 사람의 관계는 깊어져갔다. 그들은 마치 천국에 있는 듯 황홀한 기분을 느꼈다. 기존의 현실 속에 두 사람의 쾌락을 앗아가버렸던 위협 요소가 존재했기 때문에, 낯선 곳에서 보낸 둘만의 시간이 더욱 소중하게 다가왔던 것이다.

"우린 하나였고, 완전한 자유를 누렸어요. 돈도 충분했고, 온 세상과 사랑에 빠져 있었죠. 여행의 대부분을 호텔방과 욕조에서 보냈습니다. 파리에서는 하루에 다섯 번이나 사랑을 나눴지만 만족할 수 없었죠. 끝없이 서로를 갖고 싶었어요.

그런데 천국이란 오래 가지 않나봅니다. 두 달쯤 지나니 모든 것이 심드렁해졌어요. 절정의 행복은 계속 이어지지 않았고, 전 우울증에 빠졌어요. 모든 게 끝났음을 깨달았죠."

여행을 하는 동안 두 사람은 원래의 자아에서 벗어나 자신들이 꿈꾸던 모습으로 지냈다. 그들은 하나였고, 환상적인 사랑을 나눴다. 그러나 환상에는 유통기한이 있는 법. 그들에겐 다시 혼돈이 찾아왔다.

이러한 현상에 대해 이슬람의 수피들은 이렇게 말한다.

"오직 누군가를 사랑하고 있는 사람만이, 마음의 문을 열어주는 영혼의 열쇠를 가지고 있습니다. 기꺼이 마음의 문을 열고 스스로를 내보일 때, 우리는 사랑 그 자체가 될 수 있습니다. 일체감이란 순간적인 감정이 아닙니다. 끊임없는 관심과 노력의 산물입니다."

상대방과 하나가 되는 환희의 상태가 지속되려면 상대방의 존재뿐 아니라 어떤 '운명적인 힘'의 도움도 필요하다. 그렇지 않으면 곧 그 세계에서 빠져나오게 된다. 운명의 테두리에서 내쳐진 것 같은 그 절망감은 실로 엄청나다. 특히 온전한 사랑을 경험했다고 느낀 직후라면 더더욱 그러하다.

"마침 돈도 떨어져버렸어요. 그때 우린 이탈리아에 있었는데, 그녀는 더 머물기를 원했지만 전 떠나야 한다는 걸 알았습니다. 전 무엇인가로부터 계속 도망치고 있었어요. 바로 우울함과 절망감이었죠. 그녀의 것이었던 우울증이 이제는 저한테 온 거예요. 하지만 나락으로 빠지지 않기 위해 안간힘을 쓰며 버텼습니다."

마침내 마누엘은 자신의 문제에 맞닥뜨리게 된 것이다. 예전에는 자세히 들여다보려고 하지 않았던 치부 말이다. 간혹 이렇게 내면의 근본적인 문제와 맞서지 않고, 우울감을 피하기 위해 일부러 사랑에 더 파고드는 사람이 있다. 하지만 이 상태는 결코 오래가지 못한다.

"두 달 동안 저는 천국을 경험했어요. 억압에서 벗어난 기분이었고 날아오를 듯 즐거웠죠. 정말 아름다운 추억이었습니다. 사람들도 우리를 보고 이렇게 열렬히 사랑하는 연인은 처음 본다고 말했었죠."

이렇게 '사랑에 빠진' 경험은 '사랑을 하는' 것과는 다르다. 어쩌면 정반대인지도 모른다. 현재 자신의 모습과 연인의 모습을,

매순간 수용하고 자각한다는 점에서 그러하다. 사랑을 하는 것은 현실에 충실하고 인생을 있는 그대로 음미하면서 적극적으로 받아들이는 과정을 포함한다.

"기쁨의 순간이 끝나고, 모든 것이 잿빛이 됐어요. 예전에 느꼈던 그 행복을 다시 느껴보기 위해 파리로 돌아가 같은 호텔에 머물러보기도 했어요. 하지만 되찾으려 할수록 행복은 억지가 되고 사랑은 가짜가 됐어요. 그래서 뉴욕으로 돌아왔죠. 결혼을 하면 다시 행복해질 거라고 믿었어요."

사람들은 처음 경험했던 엄청난 행복의 기억을 다시 되돌리려고 애쓰면서 살아간다. 하지만 그것은 좇으려 할수록 멀어지게 마련이다. 과거의 무엇도 다시 소유할 수는 없다. 행복했던 기억에 고마웠다고 인사를 건네고, 새로운 행복을 찾아 앞으로 나아가는 것이 중요하다.

"결혼 생활은 거의 재앙이었죠. 6년 동안 버틸 수 있었던 건 오직 그 두 달 동안 느꼈던 추억의 힘이었어요. 우린 정말 안 맞았고 특히 같이 살게 되니 일상적인 문제에 번번이 부딪혔죠. 일자리를 구하는 일부터 집세를 내는 일까지, 모든 일에요.

그러다 아이를 가져야겠다는 생각이 들었어요. 아내는 금방 임신을 했고 나중에야 깨달았죠. 우리가 아직 부모가 될 준비가 안 됐다는 걸요. 하지만 딸이 태어나고 많은 변화가 있었어요. 아이를 키우는 건 정말 행복한 일이었지요.

하지만 그와 동시에 제 인생은 암울함 그 자체였어요. 마치 감옥에 갇힌 것 같았죠. 아내의 생활방식은 저와 하나도 안 맞았어요."

사랑에 빠져 상대방이 운명의 상대처럼 느껴진다고 해서, 두 사람이 서로에 대해 완전히 잘 안다거나 사랑의 본성을 이해했다는 뜻은 아니다.

마누엘은 진정한 사랑을 하는 법을 깨닫지 못하고, 마치 약물중독에 빠진 것처럼 운명 같은 일체감만을 간절히 열망했다. 가슴 깊은 곳의 우울함에서 도망치고 일상에서 탈출하기 위한 수단으로, 사랑의 황홀감을 추구했던 것이다. 그러나 결국 그 끝에서 현실을 마주해야 한다는 사실을 깨닫자 더욱 깊은 절망이 찾아왔다.

"우리는 제 아버지가 계신 튀니지로 여행을 가기로 했어요. 그런데 카멜라의 여권이 안 나와서 어쩔 수 없이 저 혼자 떠났죠. 3개월 동안 싱글의 삶을 살았는데, 정말 굉장했습니다. 모든 일상의 문제에서 벗어나 혼자라는 사실이 행복했죠. 한동안 실컷 즐기고 나니 아내와 딸이 보고 싶어지더군요.

그런데 집으로 돌아가 보니 자물쇠가 바뀌어 있는 거예요. 아내에게 다른 남자가 생긴 겁니다. 더 이상 저랑 같이 살기 싫다더군요. 아내는 제가 혼자 떠나 화가 나 있었고 굴욕감까지 느끼고 있었어요. 자신이 버림받았다고 생각하고 혼자만의 삶을 살기 시작한 거예요.

결혼생활로 잃어버린 젊음을 되찾기라도 하듯, 한꺼번에 다섯

명이나 되는 남자들을 만나고 있더군요. 전 미쳐버릴 것 같았습니다. 아내를 되찾기 위해 무엇이든지 하려고 했어요. 아내가 떠난다고 생각하니 너무 괴로웠어요. 하지만 제가 노력할수록 아내는 더욱 멀어지기만 했죠."

사랑하는 사람과 함께 있을 때는 그 고마움을 잘 모르고 때론 지겹게까지 느껴진다. 그러나 그 사람을 잃는다는 생각이 들면 다시 사랑의 욕망이 피어오르는 경우가 많다. 예전의 황홀한 일체감을 다시 느끼고 싶어지는 것이다.

"전 사죄하는 마음으로 아내를 위해 모든 것을 인내했습니다. 아내가 다른 남자를 만나러 간 사이 딸을 봐주기도 했어요. 아내가 새벽 5시까지 들어오지 않는 날에는 잠을 못 자고 집안을 서성거렸죠. 아내는 꽃다발을 들고 돌아와서 '모두 나에게 완전히 반해버렸어.'라고 하더군요. 절 괴롭히기 위해 일부러 그러는 거였죠. 하지만 아내가 돌아오기만 한다면 다른 남자를 만나는 것도 용서할 수 있었습니다.

하지만 아내의 마음은 쉽게 돌아서지 않았고 저는 점점 지쳐갔어요. 그렇게 8개월 정도 지난 뒤 제가 다른 여자를 만나게 됐고, 그제야 아내가 제게 조금씩 다가오더군요. 하지만 이미 전 멀어지고 있었죠. 아내는 또다시 충격을 받았고요. 제가 돌아올 걸 기대했다고 하더군요. 하지만 아내는 그동안 제게 그 어떤 희망도 주지 않았단 말입니다."

두 사람은 분노와 상처, 굴욕을 반복해서 주고받았다. 상대방에 대해 잘 알지 못한 채 느낀 황홀한 사랑은, 그 후 욕구가 충족되지 못하면 빠르게 분노로 변질될 수 있다. 그런 상태에서는 상대방에 대해 연민도 잘 느끼지 못하게 된다.

레너드 오어는 '재탄생 과정'을 통해 개개인이 탄생의 순간으로 되돌아가 당시 받았던 고통과 트라우마에서 벗어날 수 있다고 말한다. 이렇게 함으로써 부정적인 의식을 긍정적인 선택과 믿음으로 바꿀 수 있다는 것이다. 그러면 어머니와 자신을 용서하고, 여성에 대한 불신을 씻어버릴 수 있으며 자신의 연약한 모습을 인정할 수 있게 된다. 그리하여 마침내 사랑을 주고받을 때 자신이 원하는 방향으로 이끌어가 성취감을 느낄 수 있다. 물론 시간과 용기, 헌신을 필요로 하는 과정이다.

마누엘은 말한다.

"전 제 운명의 상대를 아직도 찾지 못한 것 같아요. 영혼을 공유할 소울메이트를 찾기 위해 항상 눈을 크게 뜨고 다닌답니다."

그는 여전히 자신의 모든 세포를 살아있게 만들어주고 안전함과 완전함을 동시에 느끼게 해줄 여자를 찾고 있다.

마누엘이 찾아 헤매는 것처럼, 소울메이트란 정말로 존재할까? 인생을 살면서 소울메이트를 만날 수 있다면 그것은 값으로 따질 수 없는 귀중한 선물일 것이다. 그러나 그런 상대를 만나기만 하면 모든 것이 달라질 것이라고 생각하는 건 착각이다.

에드가 케이스Edgar Cayce는, 소울메이트라는 최고의 선물을 얻기까지 수많은 고통과 고난을 겪어야 한다고 말했다. 그런 시련 역시 하나의 준비 과정이며 그 과정에서 수많은 교훈들을 배울 수 있기 때문이다.

그러나 운명의 상대, 영혼의 짝을 비로소 만났다고 해도 함께 풀어가야 할 문제점들은 반드시 존재하기 마련이다. 일상 속에서 부딪히는 현실의 문제들은 계속해서 등장한다.

소울메이트를 만났을 때 언제나 행복하기만 할 것이라는 생각은 매우 위험하다. 인간은 살면서 늘 갈등을 겪게 되고, 서로를 사랑할수록 더욱 상대에 대한 요구가 커져 없던 문제를 만들기도 한다. 아무리 가까운 사이라도 서로 다른 두 개인 간에는 차이가 존재한다는 사실을 알아야 한다. 그러므로 관계란 항상 상대를 존중하며 노력에 노력을 거듭해야 하는 것이다.

진정한 사랑은 아름다운 순간에만 매달리고 어두운 순간을 두려워하는 것이 아니다. 성숙한 인간이라면 그리고 상대를 사랑한다면 모든 순간을 겸허히 받아들일 수 있어야 한다.

서로가 침범할 수 없는 각자의 공간

빅터는 영혼의 짝을 만났던 경험에 대해 털어놓았다. 그녀와 완벽한 일체감을 느낄 수 있었던 건, 자신들이 처했던 상황을 완전히 받아들였기에 가능한 일이었다.

"우연히 만났던 안드레아에게 호감을 느꼈어요. 물론 처음부터 그녀를 제 운명의 상대라고까지 생각한 건 아니었어요. 우린 8년 동안 일주일에 한 번, 수요일 밤마다 만나 사랑을 나누었죠. 그게 전부였어요.

함께 음식을 만들어 먹고, 일주일 간 있었던 일이나 서로의 주변 인물들에 대해 이야기를 해요. 서로에 대한 의무감이 없기 때문에 부담도 없어요. 대화의 초점은 항상 우리 두 사람이죠. 똑같은 패턴으로 8년을 만났지만 지루하다거나 불만족스러운 건 하나도 없어요."

빅터는 그녀와의 관계를 '현실에 기반을 둔 건설적인 판타지'라고 불렀다.

"우린 정해놓은 시간에 만나고 그 외의 시간은 각자의 삶에 충실해요. 서로 같이 있지 않아도 그 시간에 뭘 할지 잘 아니까 믿음도 굳건하죠. 함께 있을 때는 정말 즐겁고 한 번도 서로에게 상처 주는 말을 한 적이 없어요. 아까 말했듯 함께하는 시간 외에는 그 어떤 의무나 갈등, 선택, 요구가 없기 때문에 가능한 일이겠죠.

그녀와 보내는 시간은 그 자체로 소중한 경험이에요. 나머지 제 인생과는 아무런 관계가 없죠. 제가 원래 우울하고 불행한 사람이라면 그녀를 만나고 난 뒤에도 그렇겠지만, 전 그런 사람이 아니에요. 친구들이나 동료들과 여러 가지 일을 하면서 즐거운 시간을 보냅니다. 그녀가 간 후에도 전 여전히 저 자신의 모습인 거예요."

평소에 그녀가 그립거나 그녀가 다른 남자를 만날까 봐 불안하지 않느냐는 물음에 빅터는 이렇게 답한다.

"전혀요. 그녀 역시 마찬가지예요. 먼저 이야기를 꺼내지 않는한 주말에 뭘 하는지 물어본 적도 없어요. 가끔 그녀가 '토요일에 오페라를 봤는데 정말 좋았어.'라고 말할 때가 있어요. 그러면 속으로 '누구랑 본 거지? 왜 나랑 가지 않은 거지?' 하는 생각이 들기도 하지만 스스로 '이런 생각 그만 하자.'라고 다짐합니다. '그녀는 재미있게 오페라를 보았고 나는 즐거워하는 그녀의 모습을 보는 게 좋다.' 거기까지예요.

우리 만남은 매번 새로워요. 그녀도 항상 신선하다고 말하죠. 전 지루한 말을 반복하지 않고 늘 새로운 말로 그녀를 즐겁게 해주려 애써요. 섹스에 대해서도 매번 다른 방법으로 다가가려 하고요.

제게 여동생이 있는데, 저랑은 많이 다른 아이죠. 사랑스럽긴 하지만 지독히 상투적이랄까요. 우리 사이엔 늘 왠지 모를 긴장감이 맴돌죠. 어쨌든 여동생은 아직도 우리 사이를 이해하지 못하고 있어요. 전 동생에게 말했죠. '판단하려 하지 말고 그냥 내 말만

들어줘. 우리는 서로 정말 사랑하고 있어.' 그러자 동생 말이, 우리가 일주일에 한 번밖에 만나지 않기 때문에 가능한 일이라는 거예요. 그건 누구라도 할 수 있다는 거죠.

하지만 제 생각은 달라요. 아무리 자주 만나도 서로 집착하고 증오하고 비난하는 사람들이 얼마나 많은가요? 사람들은 늘 상대방에게 더 많은 것을 요구하고, 더 많이 알려고 하고, 그 사람의 일상을 모두 소유하려 하죠.

우리의 만남이 아름다운 이유는 그러지 않는다는 거예요. 관계가 어떤 식으로 발전해야 한다는 방향이 정해져 있지 않으니까요. 우리는 매번 새롭고 완전하고 경이로운 사랑을 나눠요. 자주 만나지 않아도 슬프지 않아요. 서로에게 완전히 솔직하기 때문이죠. 서로의 사생활에 침범하지 않는 것, 상대방에게 침범받기를 원하지 않는 것이 거기에 포함되어 있죠.

전 그녀를 속이거나 그녀의 뒤를 캐거나 하고 싶은 마음이 없어요. 지금 상태로도 너무 좋으니까요. 5년 후에는 우리가 어떻게 되어 있을지 모르지만, 그건 어떤 관계든 마찬가지잖아요.

때때로 제가 더 가까워지려고 하면 그녀가 나서서 적당한 간격을 유지하도록 해요. 그녀의 그런 반응을 존중합니다. 가끔 전 결혼도 하고 싶고 주말에도 그녀를 만나고 싶지만 그럴 수 없어요. 하지만 괜찮습니다. 주말에는 다른 사람들을 만나면 되니까요. 다른 사람들이 그녀에 대한 제 감정이나 우리가 함께 하는 시간에 방해가 되지 않아요. 제 여동생이나 주변 사람들은 우리 관계를 이해하지 못하는 것 같아요.

우리 둘 다 각자의 현재를 살 수 있기 때문에 좋아요. 분노나 질투에 사로잡히지 않고 가장 가까운 사람들에게도 방해받지 않을 수 있는 관계죠. 그건 행복을 타인에게 의존해서 찾으려고 하지 않는다는 뜻이기도 하죠. 저 자신이 행복하기 때문에 그녀와의 시간을 즐길 수 있는 거예요. 제 부족한 점을 채우기 위해서 그녀를 만나는 게 아니니까요."

빅터는 이처럼 모든 것을 있는 그대로 받아들임으로써, 무조건적인 사랑을 경험할 수 있는 공간에 대한 나름의 기준을 세워놓았다. 그의 사랑에는 판단이 없으며 주어진 그대로 아름다움을 수용하고 기뻐할 뿐이다.

"남녀관계에서 고통이 생기는 이유는 대부분의 사람들이 있는 그대로에 감사하지 못하기 때문이에요. 우리 관계가 평범하지는 않지만, 전 그녀가 어떤 사람인지 알기 때문에 그녀의 모습 그대로를 사랑합니다. 그녀는 자연을 사랑하고 음악에 조예가 깊어요. 저 역시 마찬가지죠. 전 그녀가 다른 사람이었으면 하고 바란 적 없어요. 지금처럼 제 곁에 있어주기를 바라죠.

만약 안드레아가 어떤 사정이 생겨 다시는 만날 수 없다고 한다면, 분명히 얼마간 아주 많이 슬플 겁니다. 그러나 제 안에는 그녀를 향한 분노가 없기 때문에 그리 오래 가지는 않을 거예요. 자연스럽게 헤어짐을 받아들일 거라는 뜻이죠. 만약 그녀가 절 고의로 배신한다거나 거짓말을 했다면 정말 괴롭겠죠. 하지만 '솔직함'에 '고통'은 포함되지 않아요.

전 기쁨을 주지 않는 관계에는 정착하지 않을 생각입니다. 인생 자체가 제게 기쁨을 주기 때문이죠. 현실을 그대로 받아들이고, 집착하지 않고, 무엇이든 포용할 수 있습니다."

빅터는 인생의 모든 것을 받아들임으로써, 상대방을 자연스럽게 자신의 영혼의 짝으로 만들었다. 물론 그의 여동생처럼, 그들의 관계가 환상에 불과하며 지극히 제한적인 조건을 전제로 하고 있다는 점을 우려하는 이들도 분명 있을 것이다.

그러나 그는 상대가 자신에게 줄 수 있는 시간과 보살핌에는 제한이 있다는 사실을 겸허하게 받아들였다. 누군가를 비난하거나 원망하지 않고 있는 그대로 사랑한 것이다. 물론 쉬운 일은 아니다.

상대가 줄 수 있는 것만을 받아들이고 그에 만족하며 즐기고 감사할 줄 아는 빅터의 태도는, 다소 특별한 경우임에 분명하다. 그러나 그것은 그가 '어쩔 수 없이' 취한 태도가 아니라 스스로 택한 삶의 방식이다. 만약 안드레아와 헤어지고 다른 사람을 만난다 하더라도, 현재에 충만한 삶을 산다는 그의 가치관은 변하지 않을 것이다. 그런 인생을 함께 나눌 수 있는 상대가 그에겐 완전한 영혼의 짝이다.

운명적인 영혼의 짝을 기다리는 남녀에게

- 무조건적인 사랑, 너그러운 수용, 진정한 소통, 공통의 관심사를 나누는 일은 서로의 차이에 대한 존중심을 바탕으로 한다.

- 행복의 감정을 너무 믿지 마라. 영원히 행복할 수는 없다. 우울함도 인생의 한 부분이라는 것을 받아들여라.

- 자꾸 요구하고 비판하는 이기적인 자아를 포기해라. 인생을 있는 그대로 바라보고 인정하는 태도가 필요하다.

13

종교적 갈등에 숨어 있는
힘겨루기

'아가'에서 말하듯, 남편과 아내의 조화는
영혼과 신의 진정한 결합을 보여준다.
– 이그렛 하코데쉬Igret HaKodesh

많은 남자들이 인생의 어느 시점에 이르면, 영적인 욕구가 샘솟아 인생의 방향을 다시 생각해보게 된다. 나는 누구인가? 어디로 가고 있는가? 삶의 목적은 무엇인가? 어떻게 해야 가장 잘 살 수 있는가? 이런 질문에 사로잡히는 것이다. 이 답을 찾는 과정은 대부분 종교적인 틀 안에서 이루어지곤 한다.

종교가 최우선에 놓이게 되면 남자의 인생 전체가 방향을 바꾼다. 지금까지 중요했던 것들이 더 이상 중요하지 않게 되거나, 심오한 자기 탐구가 시작되며, 모든 인간관계가 재설정된다. 남녀관계에까지 신의 뜻을 대입해 자신의 파트너도 함께 종교생활을 하길 원한다. 여자 쪽에서 거부할 경우, 자신이 잘못된 여자를 만나고 있다는 생각에 이별을 택하는 남자들도 있다. 그런가 하면 어떤 남자들에게는 남녀관계 자체가 영적인 수행을 의미하기도 한다.

제럴드 엡스타인 박사는 이러한 현상에 대해 다음과 같이 말한다.

"그런 남자들은 인생의 위기에 맞닥뜨려 영적인 여정에 접어들었다고 볼 수 있습니다. 새로운 이데올로기를 택해 인생의 방향을 정립해나갈 때, 주변 사람들을 외면하는 이들이 많습니다. 자신의 망명에 동참하지 않는다면 아내와의 관계를 포기할 수도 있죠. 대부분의 남자들은 결혼생활을 그대로 유지하기 위해 영적인 여정을 포기합니다. 그러나 일부 남자들은 아내를 버린다는 죄책감보다 내면의 부침이 더 커서, 결국 떠나버립니다."

결혼, 인생에서 가장 어려운 영적 수행

톰은 지적이고 개방적인 남성이다. 그의 인생에도 어느새 영적인 순간이 찾아왔고, 아내의 동참을 얻지는 못했지만, 그렇다고 아내와 아이들이 있는 가정을 버리지는 않았다. 교회의 교리 때문이기도 했지만 자신에게 소중한 그 누구도 잃고 싶지 않았기 때문이었다.

그러나 아내는 달랐다. 갈등에 못 이겨 두 번이나 그를 떠났고 마침내 아무런 말도 없이 이혼을 신청했다.

"첫 번째 아내와 약 20년 간 살았습니다. 열여덟 살에 결혼해서 야간 대학을 다녔어요. 전 열아홉 살에 아버지가 되었습니다. 아내는 첫 아이를 낳고 큰 수술을 해서 한동안 많이 아팠어요. 그 후 몸이 많이 약해져서 가정 경제에 별로 도움이 못 되었죠.

그 결과 인생의 목표와 우선순위에 대한 제 사고방식이 많이 바뀌었어요. 전 죽어라 일만 해야 했습니다. 아내는 일을 하지 못하는 상태였고요. 그때부터 처가의 개입이 심해졌어요. 특히 장인과 별거 중이었던 장모님이 우리의 결혼생활에 많이 끼어드셨죠. 결국 장인과 장모는 이혼을 했고요.

저는 아내와 좋은 관계를 유지하려고 무던히 노력했습니다. 하지만 그녀는 마치 장모님처럼 되고 싶어 하는 것 같았어요. 남편에게 제대로 된 대접을 받지 못했던 자기 엄마처럼 말이에요. 전 그런 상황을 막으려고 했고요."

신기하게도 부모와 비슷한 시기에 이혼을 하는 자녀들이 많다. 부모와 똑같은 패턴을 반복하는 것이다. 그들은 자신이 부모의 결혼생활보다 더 큰 행복과 성취감을 누리는 것을 무의식적으로 두려워한다. 부모보다 더 많은 것을 가지면 부모를 배신하는 것처럼 죄책감을 느끼기 때문이다.

"사실 전 결혼생활을 하면서 더욱 독실한 기독교인이 됐어요. 몇 년 동안 아이들을 데리고 교회에 나갔죠. 아내는 한 번도 가지 않았고요. 우리 결혼생활이 무너진 첫 번째 이유는 아내의 부정적인 자기예언 때문이에요. 저녁식사 때도 아이들과 같이 기도하자고 하면 아내는 늘 거절했죠. 아내에게 아예 믿음이 없었던 것은 아니지만, 그저 자기가 하고 싶은 대로 하려는 여자였죠."

이런 상황은 매우 미묘하고 흥미롭다. 남녀관계에서는 종교의식이 힘겨루기로 변질되기가 쉽다. 상대방이 자신을 통제하려 한다고 느끼거나, 상대의 신념을 따르지 않을 경우 마치 자신을 비판하는 것처럼 느낄 수 있기 때문이다. 배우자가 동참하고 싶어도 왠지 자신이 거절당하는 것 같은 기분 때문에 못하는 경우도 있다.

결혼 초기만 해도 톰은 종교 활동에 그다지 열중하진 않았다. 예상치 못한 난관을 하나둘 겪으면서 종교적인 성향이 강해진 것이다. 그의 믿음은 강해졌지만 아내의 반응은 그와 달랐다. 당연히 아내에게는 남편의 행동이 강압처럼 느껴졌을 것이다.

이러한 딜레마는 가정에서 드물지 않게 나타난다. 특히 자녀가 있을 때 부부가 서로 다른 방향을 추구하면 둘의 사이가 갈라지기 쉽다. 그런 상황에서는 극도의 관심과 이해, 또는 전문가의 도움이 필수적이다.

"기독교에 대한 독실한 믿음과 성경의 가르침 때문에 결혼생활을 포기할 순 없었습니다. 솔직히 그만두고 싶을 때가 많았지만 그러지 않았죠. 사실 우리가 헤어진 건 그녀가 먼저 이혼 신청을 했기 때문이었어요. 전 최선을 다하고 싶었지만, 결혼생활이란 게 한쪽만 노력한다고 되는 건 아니잖아요.

전 이제 마흔여덟 살입니다. 저희 세대는 대부분 어린 시절 아버지와 많은 시간을 보내지 못했기 때문에, 좋은 아버지나 남편이 되는 훈련을 받지 못했어요. 제가 교회에 적극적으로 나가게 된 이유가 교리 안에서 긍정적인 아버지와 남편의 역할 모델을 볼 수 있었기 때문이에요. 그게 제가 교회에 끌린 이유 중 하나였습니다. 정말이에요."

남자들은 이렇게 평생 동안 이상적인 역할 모델을 찾고자 노력한다. 로버트 블라이는 이것을 가리켜 '아버지에 대한 갈망'이라고 칭했다. 아버지의 부재로 인해 대부분의 소년들은 성장 기간 동안 내면에 심각한 결핍을 느끼고, 자신을 어떻게 정의해야 하는지, 혹은 존경받는 남자가 되려면 어떻게 해야 하는지에 대해 혼란을 느낀다.

남자들은 완벽한 역할 모델을 필요로 하는데, 로버트 블라이는 이것을 가리켜 '내면의 왕' 또는 '축복하는 아버지'라고 부른다. 이것은 잭 케네디Jack Kennedy와 마틴 루터 킹Martin Luther King Jr.이 수많은 세대들을 위해 수행한 역할이기도 하다. 개인으로서의 존재를 넘어 고귀한 목적을 추구하는 삶을 살고 싶어 하는 남자들 말이다. 톰이 남자로서 실현하고자 했던 역할도 마찬가지였다.

"제가 교회에 열심히 다니기 시작한 사실을 아내는 좀처럼 받아들이지 못했습니다. 그녀를 탓하지는 않아요. 어쨌든 종교는 제 삶의 일부가 되었습니다. 그녀에게도 중요한 부분이 되었으면 하고 바랐지만 그녀는 거부했죠.

우리는 여러 측면에서 마찰이 많았어요. 성경에서는 '멍에를 같이 하다.'라고 하죠. 구약에서는 유대인이 이집트인과 결혼하면 문제가 생길 거라고 했습니다. 결혼생활에서는 한 방향을 바라보는 것, 즉 똑같은 가치를 가지는 것이 정말로 중요하다고 생각해요.

아내가 떠나버리고 2년 반 동안 솔로로 지냈어요. 그러다 한 여자와 교제를 시작했고 진지한 관계로 발전할 무렵 아내가 나타나서 재결합을 하자고 했어요."

흔한 일이다. 전 배우자가 다른 사람과 진지한 관계를 맺고 있다는 사실을 알면, 불안과 후회를 느끼며 다시 합치기를 원하는 케이스다.

"아내는 사귀는 여자와 헤어지고 다시 예전으로 돌아가자고 했습니다. 성경의 가르침 때문에 전 그렇게 했죠. 아내와 화해할 수 있을 줄 알았으니까요. 아내가 같이 교회에 나가겠다고 했고, 별로 행복하지는 않았지만 장기적으로 볼 때 아이들에게도 좋을 거라고 생각했어요."

톰은 개인적인 판단이 아니라 성경의 가르침에 따라 인생을 살아나갔다.

"재결합하고 2년 동안 같이 살았어요. 같이 살던 첫 해에 딸을 데리고 캘리포니아에 놀러 갔다 오더니 갑자기 캘리포니아로 이사를 가자고 하더군요. 전 오하이오에서 사업을 하고 있어 무척 곤란했지만 아내가 엄청 조르기도 했고, 결혼생활을 어떻게든 지켜야겠다는 생각에 그러자고 했습니다. 캘리포니아에 새 직장을 알아보고 그쪽에 자리 잡을 준비를 해나갔어요. 제가 먼저 이사를 해서 발판을 마련해놓으면, 아내가 뒤따라오기로 했죠. 두 달 정도 머무르니 자신감이 생기더군요. 아내에게 며칠에 한 번씩 편지도 쓰고 생활비도 보냈어요. 그런데 아내가 갑자기 자기는 캘리포니아로 이사할 마음이 전혀 없다는 겁니다."

톰의 아내는 남편에게 헌신하기보다는 남편의 삶을 망가뜨리는 데 더 관심이 있었던 듯하다. 어떤 사람들은 파트너가 이리 뛰고 저리 뛰면서 끊임없이 사랑을 증명하게 만드는 데서 기쁨과 만족을 느끼기도 한다. 하지만 정작 자신은 상대를 배려하지 않는다. 기독교적인 관점에서 볼 때 톰은 시험을 당하고 있었다. 똑같이 대응하지 말고 자신의 가치를 지켜야 하는 시련이었다.

"미칠 노릇이었죠. 하지만 전 사업 때문에 1월까지는 캘리포니아를 떠날 수 없었어요. 그런데 아내가 또 다시 이혼 소송을 걸어왔어요. 캘리포니아에서 전화를 걸었더니 취소하겠다고 하기에, 다시 집으로 돌아갔습니다. 그런데 이미 지난 주 수요일에 이혼 판결이 확정되었더군요. 전 공청회가 있는 줄도 몰랐습니다. 아내와 아이들을 보러 집으로 갔더니 아내가 자물쇠를 바꿨더군요. 저만 아무것도 모르고 있었던 거죠.

그래서 그날 밤에는 아는 목사님 댁에서 묵으면서 상황을 곰곰이 파악해보기 시작했습니다. 그녀는 제가 가진 모든 걸 빼앗을 심산이었던 것 같아요. 한 번 이혼은 했지만 부부 공동 소유의 재산이 더 있었어요. 첫 번째 이혼 때 제 소유였던 것들이죠. 그런데 두 번째는 그것마저 전부 가져가버렸습니다."

톰은 정말로 완전히 시험을 당했다. 인과응보의 관점에서 볼 때 톰은 아내에게 오래 전에 진 빚을 갚아야만 했다. 문제는 그가 앞으로 어떻게 행동하느냐였다. 비통함에 사로잡혀 복수를 할 것인가? 아니면 용서를 통해 현실을 받아들일 것인가? 그는 용서를 택했다.

"전 완전히 처음부터 새로 시작해야 했습니다. 약 한 달 후, 4년 전 쯤에 만나던 여자에게로 돌아갔습니다. 지금은 제 아내가 된 로나예요. 젊은 나이에 남편과 사별한 로나 역시 그 동안 다른 남자들을 만나기도 했어요. 그러나 하나님의 완벽한 타이밍 덕분에 우리가 다시 만날 수 있었던 거죠. 9개월 후 결혼식을 올렸습니다. 지금 아주 잘 살고 있어요. 가톨릭에서는 '성찬식 결혼'이라고 하죠.

제 첫 번째 결혼은 교회에서 무효가 되었어요. 가톨릭식 결혼이 아니라 열여덟 살에 한 사랑의 도피 같은 거였으니까요. 그러니까 교회의 관점에서 보면 이번이 제 첫 번째 결혼입니다.

로나는 정말 멋진 여자예요. 솔직히 이혼한 동안 몇 명의 여자를 만나봤지만 모두들 이전 결혼생활에서 겪은 문제를 잘 극복하지 못하더군요. 그래서 이혼한 여자하고는 결혼하고 싶지 않다는 생각을 했던 적도 있어요. 그러나 로나는 다릅니다.

이혼과 재혼에 관한 질문은 성경의 관점에서는 문제가 있어요. 신약에서는 불륜을 제외한 그 어떤 이유에서든 아내가 남편과 이혼하거나 남편이 아내와 이혼할 수 없습니다. 상대방의 부정을 입증할 수 있어야만 하죠.

가톨릭교회에서 결혼은 신의 뜻에 응답하는 거죠. 사람들이란 소명과 마찬가지로 소명을 실현하려고 노력합니다. 아무리 불안정한 상황에서도 그만둘 수 있는 선택권이 없죠."

종교적 관점에서 볼 때 결혼 자체는 영적 수행이다. 유대교에서는 배우자를 '신의 의지를 실현하는 파트너'로 본다. 유대교에서는 이혼을 수용하지만, 구약 성경에서는 남자가 아내를 만남으로써 완전해진다고 본다.

"하나님이 저에게 세상에서 가장 훌륭한 아내를 선물로 주셨다고 생각해요. 전 첫 아내에게도 충실했어요. 그렇게 하는게 옳다고 믿었기 때문에 그녀와 화해하기 위해서 무슨 일이든지 했죠. 착하게 살아왔기에 완벽한 시점에 완벽한 아내를 저에게 주신 거라고 생각해요. 남녀관계에서는 타이밍이 가장 중요하니까요.

사람들이 왜 영혼의 동반자를 만나지 못하는 줄 아세요? 과거의 여러 가지 문제를 해결하지 못했기 때문이죠. 과거의 문제를 해결하지 못하면 올바른 대상이 나타나도 알아볼 수 없어요. 받아들이지 못하죠. 용서는 그와 별개의 문제입니다. 첫 아내가 저에게 그렇게 심한 짓을 하기는 했지만 전 그녀를 온전히 용서할 수밖에 없었어요."

과거를 용서해야만 인생에 새로운 사람을 받아들일 공간이 생긴다는 것은 진실이다. 톰은 현재의 결혼생활에 크게 만족하고 있다고 했다.

"우리 둘 다 상대방이 떠나지 않으리라는 사실을 알기에 안심하고 서로에게 100%를 줄 수 있어요. 언젠가 버려지리라는 두려움을 전혀 느끼지 않으니까요. 우리는 매일 같이 기도합니다. 식사를 하기 전에 꼭 기도하고 어디에 있든 같이 교회를 갑니다."

톰과 로나는 함께 하는 인생의 모든 측면에서 더 큰 존재의 힘을 의식하고 도움을 받는다. 이것이 두 사람 모두의 압박감을 크게 덜어준다. 자신들을 보살펴주고 구원해주는 커다란 존재가 있음을 그들은 알고 있다.

모든 영적 수행에서 개인은, 베풀고 섬기고 이기적인 면을 낮추는 법을 배운다. 자연적으로 결혼이 영적 수행에 포함되면 부부는 서로를 섬기려고 하고 결과적으로 신에게 다가갈 수 있게 된다.

"기도하고 또 기도하세요. 신이 첫 번째에 놓이면 나머지 모든 것이 저절로 이해가 됩니다. 제 할머니가 무려 102세인데, 오래도록 행복한 결혼생활의 비결을 물으면 '주는 것에 집중해서 많이 주고받는 것'이라고 대답하세요."

영적인 결혼생활에서는 '감정'이 아니라 '행동'이 중요하다. 서로
에게 그리고 신에게 어떻게 이어져 있는지 깨닫고 상대에게 사랑
을 베푸는 일 말이다. 톰은 소중한 짝을 만났고 그녀와 함께 신에
게 닿는 법도 찾았다. 그는 자신이 정말로 축복받았다고 생각한다.

배우자는 사랑하는 법을 가르쳐주는 스승

유대교에서 결혼은 사랑을 토대로 한다. 그러나 사랑의 정의와
그것에 다다르는 방식은 속세의 관점과 완전히 다르다. 미친 듯
사랑에 빠져서 결혼을 한다기보다는, 결혼을 함으로써 사랑을 배
우기 시작하는 것이다. 배우자가 사랑하는 법을 가르쳐주는 스승
인 셈이다. 실연의 상처 때문에 좀처럼 새로운 시작을 하지 못하
는 젊은이들이 많은데, 유대교의 관점은 개인이 상처받지 않도록
보호해준다는 면에선 긍정적이다.

모쉬는 따뜻하고 열정적인 랍비로, 그런 방법을 통해서 두 번째
결혼에 성공했다. 첫 번째 아내와도 종교적 뜻을 같이 했지만 그녀
는 그만큼 심오하게 빠져들기를 원하지 않았다. 시간이 지날수록
두 사람이 맞지 않는 부분이 많아져서 결국 헤어지게 됐다.

그는 두 번째 아내와의 만남에 대해서 이렇게 회상한다.

"그녀를 처음 봤을 때 저런 여동생이 있었으면 좋겠다고 생각했죠. 익숙하면서도 편안한 느낌이었거든요. 그녀에 대해 별로 아는 게 없었지만 왠지 특별한 느낌이었어요. 그게 20년 전이에요. 시간이 지날수록 아내의 진정한 성품이 드러났고 정말 굉장했습니다. 그녀가 어디까지 멋지고 훌륭한지 끝을 알 수 없었죠. 처음 본 순간 내 여자라는 생각이 들었어요.

하지만 그것 외에도, 우리 둘 다 신의 존재를 위해서 가정을 꾸리고 싶어 한다는 공통점이 있었어요. 우리 관계에 '침묵의 파트너'가 동참한 거죠. 우린 서로 사랑하는 모습을 통해 다른 사람들의 인생에 긍정적인 영향을 미치고 있어요. 아내와 전 언제나 보다 높은 목적을 위해서 살아갑니다. 신의 존재는 우리를 끈끈하게 합쳐줍니다. 토라에도 나와 있죠. 남편과 아내에게 그럴 자격이 있을 때 신의 존재는 그들과 함께 머무른다고."

많은 사람들은 신이 자신에게 맞는 짝을 보내주리라 믿는다. 하지만 적극적으로 나서도 제대로 된 짝을 찾지 못하는 사람들도 있으며 잘못된 짝을 만나기도 한다. 모쉬는 그에 대해 이렇게 말했다.

"남자가 영혼의 동반자를 찾아나서는 이유는, 신에게 다가가도 채우지 못하는 그 어떤 부분을 채워줄 여자를 만나고 싶어서죠. 그녀가 유일한 해결책이라고 믿기 때문에, 기대에 못미쳤을 때 실망이 커지는 겁니다. 어떤 이들은 아이들을 이용하기도 해요. 이런 사람들은 진정한 동반자라고 할 수 없죠. 둘을 합쳐주는 힘이 없는 상황에서 얼마나 오래 버틸 수 있겠어요? 사람들은 남녀관계가 신과의 관계를 대체해주리라고 생각하지만 절대 그렇지 않아요. 반드시 양쪽 다 필요합니다.

많은 이들이 영혼의 동반자를 찾으면서 미리 상대방이 어떤 사람이어야 한다고 정해놓기 때문에, 상대의 진정한 모습을 경험하지 못하는 거예요. 신이 당신에게 누군가를 보내줄 수도 있지만 기대와 다를 수도 있어요. 많은 사람들이 신이 보내준 사람을 그냥 돌려보냅니다. 역설적이게도 모든 기대를 버리고 상대방의 모습을 들여다보면 이성과 감정마저 초월한 무언가가 일어나요. 두 사람이 똑같은 목표로 하나가 되고 그 기회를 위해서 서로 사랑하는 것만큼 위대한 것은 없어요. 목적과 상대방을 모두 사랑하는 거죠."

유대교의 '미츠바mitzvah', 즉 계율은 '궁극적으로 사랑을 얻고 세상을 고치는 것'이다. 우리는 진정한 사랑이 아닌 것, 즉 가짜 사랑을 경험함으로써 진정한 사랑을 깨닫게 된다.

"과거에는 이렇게 주의 깊은 성격이 아니었어요. 감정에 치우쳐 여자들을 만나기도 했죠. 그러나 서로 다른 두 개인이 완벽히 하나가 되려면 그 둘을 붙여줄 수 있는 무언가가 필요합니다. 바로 '침묵의 파트너'죠.

올바른 상대를 받아들이기 위해서는 알맞은 그릇을 준비해야 합니다. 아주 좋은 향수를 낡은 케첩 병에 집어넣을 순 없잖아요.

영혼의 동반자를 얻으려면 우선 자신을 깨끗하게 닦아야 해요. 이것은 자신을 낮추고 고귀한 방식을 택할 때 가능합니다. 무언가를 채우려면 필요 없는 것을 버려야 하죠. 우리의 신은 인내심을 가지고 기다려줍니다. 그 사람이 기회를 잡을 수 있게 될 때까지요.

너무 걱정할 필요는 없습니다. 유대법에서는 두 영혼의 동반자가 똑같은 생애에 보내진다고 하니까요. 가능성의 문을 활짝 열어두고 긍정적인 에너지를 따라가면 기회가 와요."

유대교 전통에서는 '집'은 진정한 신전이고 '식탁'은 모두가 모여서 기도하고 먹고 마시며 신을 축복하고 감사하는 제단이다. '신'이라는 존재 자체를, 남녀관계에서 두 사람을 합쳐주는 힘 혹은 두 남녀가 섬기고자 하는 대상이라고 본다면, 관계 자체가 영적 수행을 하는 공간이 된다. 유대교든 기독교든 이슬람교든, 종교의 길을 따를 때는 똑같이 영적 수행을 추구하는 사람을 찾는 것이 좋다.

영적인 사랑을 꿈꾸는 남녀에게

- 상대방과 처음부터 똑같은 종교와 가치를 공유해라. 상대방이 바뀌기를 바라거나 바꾸려고 하지 마라. 영혼에 간섭할 수는 없다.

- 결혼을 신에게 가까워지기 위한 여정으로 여긴다면 상대와 함께 신의 존재를 지키는 데 초점을 맞추어라.

- 이 여정이 계속될 수 있도록 축복과 힘을 달라고 기도해라.

14

다른 남자 때문에
떠나는 남자

> 자연에는 똑같은 것을 선택해서 끌어당기는
> 자석의 힘이 있다.
> – 랠프 왈도 에머슨

어떤 남자들은 어릴 때부터 같은 남자에게 끌린다는 사실을 깨닫는다. 그러나 훨씬 나중에, 심지어 결혼하고 나서야 자신의 성적 정체성을 발견하는 남자들도 있다. 아주 오랜 시간이 걸려 노년에 알게 되는 경우도 적지 않다.

동성애는 쉽게 말해 타고난 어떤 요인이 외부적인 요소를 만나 발현된다. 선천적인 성향이므로 누군가의 노력에 의해 바뀔 수 있는 것이 아니다. 동성애 커플이라도 이성애 커플과 마찬가지로 때에 따라 각자 여러 가지 역할을 수행하며, 이는 상황에 따라 끊임없이 변하기도 한다.

결코 당신이 부족해서가 아니다

윌리엄William과 척Chuck은 16년째 이어져 온 자신들의 특별한 관계에 대해 이야기한다. 윌리엄은 부드러운 갈색 눈과 편안한 미소를 가진 따뜻하고 활기찬 성격의 70대 남성이다. 척은 큰 키에 금발, 잘생긴 외모의 대학 교수로 막 50대에 접어들었다. 두 사람은 매우 가깝고 편안한 사이처럼 보였다.

"우리 사연은 꽤 특별합니다. 전 20년 동안 결혼생활을 했고 아들이 하나 있었어요. 마지못해 결혼생활을 지속하고 있던 참이었죠. 제가 아내를 떠난 이유는 제가 동성애자이기 때문이 아니라, 스스로의 정체성을 찾아야만 했기 때문이었습니다. 처음부터 난 동성애자였을 텐데, 나 자신을 제대로 파악하지 못했거든요. 그게 결혼생활에 내내 큰 타격을 주었던 것 같아요.

아내를 만나기 전까지 여자에게 성적으로 이끌린 적이 단 한 번도 없어요. 아내를 만났을 당시는 제가 누군가를 필요로 했을 때인지도 모르죠.

동성애자임을 인정하고 나니, 훨씬 자유롭게 사랑할 수 있어요. 자신이 동성애자라는 사실 자체를 외면한 채 사는 남자들이 의외로 많아요. 대체로 결혼하고 나서야 뭔가 잘못되었음을 깨닫죠."

사회복지사이자 동성애자 전문 상담가인 하워드 로젠Howard Rossen이 말한다.

"제가 항상 염두에 두는 점은 이것입니다. '동성애자인 남자가 여자에게 끌리는 이유는 무엇인가? 심리적인 정당화인가, 사회적인 정당화인가? 다른 사람들처럼 살고 싶은 욕구인가, 아니면 어머니에 대한 욕구인가?'

동성애자인 남자가 아름다운 여자를 보고 그녀를 갖고 싶다고 생각할 수 있습니다. 보통 사람들처럼 되고 싶고, 부모와 경쟁하고 사회에서의 역할을 다하고 싶은 거죠. 하지만 마음속에는 남자를 사랑하고 싶은 욕구가 존재합니다. 이로 인해 내면에서 엄청난 충돌이 발생하죠. 평생 그 상태로 살아가는 남자들도 많습니다."

윌리엄은 아내에게 동성애자임을 고백하기가 무척 힘들었다고 털어놓는다.

"헤어지더라도 아들에게는 변함없이 사랑을 주는 부모가 되어주자고 약속했어요. 그리고 늘 아들의 곁에 있어주고 아들과 좋은 관계를 유지하기 위해 혼신의 힘을 다했어요.

처음 제 마음을 고백하자 아내는 '아들한테 어떻게 이럴 수 있어?'라고 하더군요. 전 '그게 무슨 말이야? 난 아들에게 아무 짓도 하지 않았어.'라고 대답했죠.

다행히 시간이 지나면서 아내도 절 이해해줬어요. 아들에겐 처음에 비밀로 했지만 점점 거짓말을 하면 안 되겠다는 생각이 들었어요.

그러다 마침내 아빠는 동성애자라고 말했죠. 그랬더니 아들은

'그게 아빠가 살고 싶은 방식이라면 괜찮아요. 아무한테도 들키지만 마세요.'라고 하더군요. 그때 열한 살이었어요. 그 후 아들에게 솔직할 수 있어서 좋았습니다. 나중에 제가 동성애자라는 사실을 알고 기분이 어땠는지 아들에게 물어봤어요. '처음에는 아빠가 바뀔 줄 알았는데 바뀌지 않았어요.'라고 대답하더군요. 어쨌든 전 여전히 소중한 아들의 아버지로 곁에 남아 있습니다."

윌리엄은 자신이 동성애자라는 사실 자체가 아니라 거짓말 때문에 아들과 멀어질까 봐 더 걱정했다. 그래서 결국 솔직하게 털어놓았고, 여전히 가까운 사이로 지내며 각자의 삶을 영위할 수 있었다. 동성애자인 남자들이 고통스러운 이유는, 사회적 편견으로 인한 수치심과 자존감의 부재 때문이다.

하워드 로젠은 이 문제에 대해서 다음과 같이 말한다.

"많은 남자가 성적 정체성의 변화를 알아차린 후 '내가 뭐가 잘못된 거지? 역겨워. 이 감정은 억눌러야만 해.'라고 생각합니다. 그런 감정이 용인되지 못하는 환경에 놓여 있거나 정상적인 것에 대한 욕구가 너무 강렬하면, 오랫동안 그 감정을 억눌러버리고 이성을 선택합니다.

그러나 이런 행동들은 자신의 삶에 매우 파괴적인 영향을 끼칩니다. 자신의 감정을 솔직하게 인정하지 못하므로 거짓된 삶을 사는 것과 마찬가지죠. 아내와 매우 편한 친구 관계를 유지하는 남자들이 없는 것은 아닙니다. 하지만 '성性'에는 흥분이 필요합니다. 처음엔 그런 느낌을 자녀 양육이나 다른 활동으로 승화시킬 수 있지만, 결국 다시 피어올라 다른 문제를 만들어냅니다. 아주 복잡하지요. 대부분의 남자들이 한동안은 계속 결혼 상태를 유지하면서도 다른 남자와 외도를 하죠. 이런 태도는 당사자는 물론 아내에게도 독이 됩니다."

윌리엄의 이야기가 이어진다.

"동성애자들이 모이는 장소를 찾아 헤매면서도 여전히 너무나 두렵기만 했어요. 이혼 후 곧바로 남자를 만나진 않았어요. 리조트에서 캐롤린이라는 여자를 만났거든요. 그녀는 남편감을 찾고 있었는데, 알고 보니 저를 염두에 두고 있더군요. 우린 교제를 시작하고 섹스도 했지만 별로 좋지는 않았어요. 물론 저 때문이었죠.

그 후 다른 여자들을 몇 명 더 만났지만 그저 그랬어요. 제가 진짜로 원하는 게 무엇인지 여전히 확신하지 못했으니까요. 남자들하고 어울리는 게 쉽지 않았어요. 제가 만나본 어떤 남자는 이혼 후 성적으로 대범하게 변했지만 전 그럴 수 없었어요. 지금 돌이켜보면 처음부터 전 남자에게 끌렸지만, 성 자체가 억눌려 있었기 때문에 동성애자로서 스스로를 제대로 표현할 수가 없었습니다.

그런데 척을 만나고 모든 게 바뀌었어요. 물론 새로운 관계에 적응하기까지는 둘 다 시간이 걸렸죠. 우리는 지금도 아주 행복합니다. 16년 동안 함께 지냈어요. 동성애든 이성애든 아주 오래 만난 것이죠. 같이 살지 않는 게 비결일지도 몰라요. 며칠에 한 번 만나고 여름에는 같이 휴가를 떠나거든요. 하지만 평소 생활방식은 아주 달라요. 서로 다른 공간에 있다가 특정 시간을 함께 보내는 거죠. 모든 커플에게 추천하고 싶은 방법이에요."

많은 남성 동성애자들이 할 수만 있다면 이성을 사랑하며 살고 싶어 할 것이다. 동성애자임을 인정하면, 사회적으로 매장당할 수도 있고 가족을 실망시켰다는 자책감으로 인해 고통스러워지기 때문이다.

사회복지사이자 양성, 동성 커플 정신분석학자 알렌 리트왝Arlene Litwack의 설명을 들어보자.

"사람의 성적 지향성이 바뀌는 원인에 전형적인 패턴을 적용하는 것은 커다란 실수입니다. 누군가가 동성애자인 이유는 매우 복잡해서 일반화할 수 없는 문제입니다. 동성애자가 되는 '특정한 이유'가 있다는 생각은 잘못된 인식입니다."

척의 이야기가 이어진다.

"대학원에 다닐 때 로나라는 여자와 2년 넘게 동거를 했어요. 그녀와 1년 남짓 뜨거운 섹스를 나눴죠."

동성애자인 남성은 여자와 성관계를 할 수 있고 한동안 즐길 수도 있지만 그것이 진정한 그의 모습은 아니다. 심오한 내면의 목소리와 어긋나는 행동이기 때문이다.

"그런데 로나와 같이 살기 시작하면서부터 문제가 생겼어요. 그냥 데이트만 할 때는 괜찮았거든요. 특별히 그녀에게 끌린 건 아니지만 그래도 좋았어요. 그리고 진심으로 그녀에게 인간적인 애정을 느꼈어요. 그녀의 몸이 불쾌하다고 생각한 적은 한 번도 없어요. 정말 흥분을 느꼈죠. 하지만 그때는 남자와 사귄 적이 한 번도 없을 때였죠. 전 항상 결혼을 하고 아이를 갖고 싶었거든요. 거의 그렇게 될 뻔했죠.

그런데 결국 현실이 우리를 갈라놨어요. 대학원을 졸업하고 서로 다른 도시에서 취직했거든요. 서로 떨어져 살게 됐는데도 로나는 우리 사이가 끝났다는 사실을 인정하지 못했어요.

그때 저는 디너파티에서 절 유혹한 어떤 남자와 첫 경험을 했죠. 절대로 그런 일은 일어나지 않을 줄 알았는데 완전히 새로운 세상이 열렸어요. 폭발적인 감정에 저 자신도 놀랄 정도였으니까요. 물론 그녀에게도 솔직히 털어놔야 했죠."

사랑하는 남자가 이런 일을 겪었다는 것을 알게 된다면 물론 좌절스럽겠지만, 그가 다른 남자에게 끌린다고 해서 당신을 개인적으로 거부한다는 의미가 아니라는 걸 알아야 한다. 당신을 만나기 전부터 남자와 함께 하고 싶은 깊은 욕망을 품고 있던 경우가 대부분이기 때문이다.

"남자와 첫 경험을 한 후, 남자하고 있을 때 훨씬 편하다는 사실을 알게 됐습니다. 제 몸도 그 사실을 깨달았고요. 로나와 처음 만났을 때는 몰랐던 사실이었어요. 그녀가 만족스럽지 못했던 게 아니라 그저 남자와 있어보니 새로운 무언가가 눈을 뜬 거였죠.

그 후로 남자와 함께 하고 싶은 욕망이 더 강해졌어요. 그래서 동성애자들이 많은 뉴욕으로 이사를 갔죠. 처음 뉴욕에 도착했을 때만 해도 남자와 어울린다는 생각만으로 어색했지만 어쨌든 나를 위해 도전했어요. 적극적으로 동성애자인 남자를 찾아 나섰죠.

하지만 확실하게 만나는 사람이 생기기 전까지는, 로나와 헤어지진 않았어요. 우린 전화로만 연락했고, 전 여전히 그녀가 그리웠습니다. 크리스마스에 그녀가 절 만나러 와서 즐겁게 시간을 보냈죠. 하지만 섹스는 하지 않았고 그에 대한 이야기도 심각하게 나누지 않았어요.

그리고 약 한 달 후 솔직한 모습으로 만날 수 있는 남자를 찾았죠. 극장 관련 일을 하는 루라는 남자였죠. 2년 정도 사귀다 헤어지고, 결국 윌리엄을 만났어요. 전 지금 정말 행복합니다."

척이 루 때문에 로나와 헤어진 것처럼 보일 수도 있지만 꼭 그런 것은 아니었다. 어떻게 보면 제대로 된 상대를 만나기 전까지 과도기적인 관계를 유지했던 것뿐이다.

"당시엔 성적 지향성을 드러내기가 훨씬 어려웠어요. 사람들이 지금보다 동성애를 훨씬 충격적으로 받아들였죠. 하지만 요즘은 대학생들도 자신의 성적 지향성을 드러냅니다. 하지만 천천히 생각해보라고 말하고 싶어요. 열여덟 살이나 열아홉 살에 자신의 존재를 단정하긴 힘들죠. 그 시기에는 아직 모든 게 확실하지 않으니까요. 열여덟 살에 동성애자라고 선언했는데 스물두 살에는 남자보다 여자가 더 좋다는 사실을 깨달을 수도 있잖아요."

척은 스스로 동성애자라고 생각하는 사람이 이성애자도 될 수 있는지에 대해 이렇게 말한다.

"그렇게 바뀌는 경우는 한 번도 못 봤어요. 동성애라는 게 타고난 유전자 때문이니까요. 동성애자와 이성애자가 되는 방식에는 여러 가지가 있어요. 동성애자 남자 중에는 지나치게 여성적인 동성애자 남자를 싫어하는 경우도 있습니다. 여성성이라곤 찾아볼 수 없이 매우 남성적인 모습인 보디빌더가 동성애자임을 공공연히 드러내는 경우도 있고요.

정말 중요한 문제는, 어떻게 동성애자가 되었든 그 사실을 감당하고 살아갈 수 있는가 하는 거예요. 남자로서 자신을 존중하면서도 자신이 동성애자라는 사실을 인식하는 그런 문제 말이죠. 굳이 남자답거나 여성스러운 행동을 할 필요는 없어요."

정신분석학자 알렌 리트왝이 설명을 덧붙였다.

"어머니나 아버지로부터 남성성을 확인받지 못한 남자들이 많습니다. 그러면 사랑과 보살핌을 주는 상대에게서 남자로서의 가치를 인정받고 자존감을 찾고 싶은 욕망이 커지죠. 성에 있어서 남성성과 여성성은 연결되어 있어요. 전통적인 이성관계에서 파트너를 택할 때 항상 표면적인 것만을 보는 것은 아닙니다. 사람들은 이성애에서도, 무의식적으로는 동성에 대한 욕망을 드러내 줄 수 있는 정서적, 신체적인 특징을 가진 상대를 선택합니다. 이것은 우리 모두에게 성이 다른 두 부모가 있고 양쪽 모두에게 애정과 관능적인 감정을 가질 수 있기 때문이죠."

내 안엔 많은 것이 담겨 있네

40대 후반의 학자 로버트 역시 뒤늦게 남자를 좋아하게 된 사례다.

"제 고객 중에도 동성애자 남성들이 있어요. 세 살 때부터 자신이 동성애자라는 걸 안 사람도 있고요. 하지만 제 경우는 그렇지 않습니다. 동성에 대한 이끌림을 인식할 때가 있는가 하면, 난 분명 이성애자이며 나중에 결혼해서 아이를 낳을 거라고 확신할 때도 있었죠. 전 여자에게 매력을 느낀 적도 있으니, 정확히 말하면 양성애자겠네요.

하지만 결국은 남자를 선택했고, 지금은 동성애자라고 말하는 게 훨씬 편해요. 사실 동성애자보다는 양성애자가 훨씬 힘듭니다. 동성애자들은 스스로 양성애자라고 말하는 사람들을 의심해요.

요즘 젊은 사람들은 다를지도 모르겠네요. 하지만 한쪽을 선택하고 자신의 정체성을 확실히 아는 게 더 쉽다고 생각해요."

정체성을 밝히는 순간, 역할과 기대, 인생 계획이 훨씬 분명해진다. 경계가 만들어지기 때문이다. 자신의 존재에 대해 안정감을 느낄 순 있지만, 그와 동시에 자신의 정체성에 어긋나는 가능성들은 모두 차단된다.

흐름과 변화가 인생의 본질이라는 사실을 알아야 한다. 넓은 측면에서 보면 모든 정체성은 유동적이며 스스로 만들어가는 것이다. 모든 사람의 내면에는 우주가 존재하기 때문이다.

위대한 시인 월트 휘트먼Walt Whitman도 이렇게 말했다.

"내가 이렇게 클 줄 몰랐네. 내 안에 모든 것을 담고 있을 줄."

로버트의 이야기가 이어진다.

"고등학교 내내 여자들을 사귀었지만, 대학교에 들어가기 전까지는 섹스를 하지 않았어요. 대학교 때 제인이라는 여자를 만났어요. 그녀에게서 인간적인 호감과 동시에, 이상적인 아내와 가족의 모습을 떠올릴 수 있었죠.

졸업반이 되자 우린 같이 살기 시작했고 뉴욕으로 건너가서 대학원에 다니기로 했어요. 그녀의 부모님은 얼른 결혼하라고 압박을 했죠. 당시만 해도 혼전 동거가 흔하지 않았거든요. 서로 사랑하는데 결혼하지 않을 이유가 없다는 생각이 들더군요. 결혼을 하지 않는다는 건 서로 책임지지 않겠다는 뜻이잖아요. 그래서 우리에게 맞게 소박한 결혼식을 올렸습니다. 정말 행복했죠.

그런데 졸업반 때 파티에서 술에 취해, 커밍아웃을 했던 남자와 우연히 관계를 맺었어요. 하지만 좋지도 않았고 그에게 끌리지도 않았어요. 그래서 속으로 내가 동성애자가 아니라는 증거라고 생각했죠. 제인은 물론 아무한테도 이야기하지 않았어요.

제인과의 결혼생활은 아주 순조로웠어요. 같이 살면서 평범하게 싸움도 하고 집안일도 같이 했죠. 아내가 불감증이 있어서 성생활이 그리 만족스럽지는 못했어요. 그래서 우리는 심리치료를 받기 시작했죠. 일주일에 세 번씩 각자 다른 전문가한테 상담을 받으러 갔어요.

그런데 그 즈음 아버지가 돌아가셨어요. 약 1년 후에 제인의 아버지도 돌아가셨고 제가 관을 들었죠. 돌아가신 아버지 생각이 나더군요."

부모의 죽음은 감정의 변화를 가져오고 심리적인 평형을 무너뜨리는 경우가 많다. 돌아가신 부모와의 사이에서 해결되지 못한 문제가 수면으로 떠올라 해결을 요구하기도 한다. 로버트의 경우 아버지와의 친밀감에 대한 갈망이 남성에 대한 욕망의 형태로 나타났다.

"아버지는 이중적인 분이셨어요. 무의식적으로 그것 때문에 제가 남자에게 끌리게 됐다는 생각이 들어요. 물론 당시에는 그 사실을 깨닫지 못했죠."

아버지와의 관계에서 차단되었던 사랑과 친밀감을 향한 욕구는 사라지지 않고, 다른 형태로 드러났다. 간절하게 원했던 아버지의 사랑과, 친밀감을 표현하지 않은 아버지에 대한 분노는 동성 관계를 이루는 요소가 되었다. 그러한 감정들을 동성의 파트너에게 표출하려고 하는 것이다.

"저는 무의식적으로 제 심리치료사에게 끌리기 시작했습니다. 물론 그는 절 거절했고요. 전 그를 닮은 남자들과 성관계를 맺는 꿈을 꾸기 시작했어요."

아버지의 죽음 후 민감해져 있던 로버트에게는 심리치료사가 아버지의 대역이 되었다.

"하지만 그의 거절이 무섭지는 않았어요. 전 아내를 사랑하고 있었으니까요. 그즈음 저희 회사에서 파티가 열렸는데 술에 취해 또 다른 동성애자 남자와 밤을 함께 보냈습니다. 그에게 별로 끌리지는 않았지만 강한 호기심을 억누를 수 없었거든요. 끔찍한 기분으로 집으로 돌아갔어요. 아내에게 차마 사실대로 말할 수 없었어요. 남자와 처음 관계했을 때의 기분과 똑같았어요. '그렇게 끌리지 않아서 다행이야. 이건 실수일 뿐이야.'라고 말이죠. 하나도 좋지 않았거든요.

그런데 가장 친한 친구가 커밍아웃을 했어요. 그전까지만 해도 여자들과 사귀었던 친구였죠. 저는 그 친구를 지지하기 위해 동성애자 행진에 참여했어요. 그런데 그게 저한테도 매우 큰 영향을 끼쳤죠. 그 경험이 제게 일종의 '허락'을 의미했던 것 같아요."

로버트가 무의식적으로 동성애자 남자들의 세계에 이끌린 이유는, 억눌리고 거절당한 욕구를 충족시키기 위해서였다고 볼 수 있다.

"그해 여름에 아내와 해변에 있는 친구의 별장에서 주말을 보내기로 했어요. 별장에 갔더니 웬 젊은 남자가 있었는데, 그를 보는 순간 숨이 멎을 뻔했어요. 그 남자, 리처드를 꼭 갖고 싶었어요. 성적이라기보다는 로맨틱한 감정이었죠. 한눈에 그를 사랑하게 된 거예요. 여자들과 남자들이 각각 다른 방에서 잤는데, 다 같이 술을 마시다가 그 남자가 자리에서 일어나더니 해변으로 나가더군요. 곧바로 따라 나갔더니 그도 저를 기다리고 있었어요. 내내 눈빛을 교환하고 있었거든요. 그에게 걸어가서 당신에게 끌린다고 말했습니다. 그도 똑같은 마음이라도 하더군요. 우리는 해변에서 밤을 보냈고 해가 뜰 때까지 들어가지 않았어요. 아무도 우릴 찾는 사람이 없었죠.

전 리처드와 사랑에 빠졌습니다. 그는 다른 주에서 대학교에 다니고 있었죠. 제인과의 결혼생활은 계속 유지했고, 겉보기엔 아무것도 변한 것이 없었어요. 하지만 제 내면에서 커다란 변화가 일어났죠. 그를 사랑하게 되었고, 성관계까지 즐기게 되었으니까요.

제인에 대한 사랑이 식은 건 아니었지만 종류가 다른 사랑이라는 사실을 깨닫게 되었습니다.

리처드에게 뜨거운 열정을 느꼈습니다. 가지지 못하면 죽을 것처럼 푹 빠져버렸죠. 제인에게는 그런 감정을 느낀 적이 없어요. 제인에 대한 감정은 훨씬 더 이성적이고 이해하기 쉽고 안정적인 것이었죠. 일반적으로 느낄 수 있는 현실적인 감정이었으니까요.

하지만 리처드에 대한 감정은 도저히 이치에 맞지 않았어요. 게다가 그는 도무지 말이 없는 성격이었죠. 그는 속 깊은 대화보다 섹스를 원할 뿐이었어요. 지금 생각해보니 그렇게 말이 없었던 게 꼭 제 아버지하고 똑같네요."

로버트는 남자에 대한 성적 욕구를 분명히 경험했을 뿐 아니라, 로맨틱하고 개인적인 감정과도 결합시킬 수 있게 되었다. 리처드는 그에게 아버지의 대역이 되어주었고, 말이 없다는 점에서 로맨틱한 환상을 투영하기에 안성맞춤인 대상이었다. 어떻게 보면 로버트는 자신이 가지고 있던 환상 혹은 열망과 사랑에 빠진 것이었다.

"바로 그즈음, 대학 때 제가 처음 섹스를 했던 남자가 자살했다는 연락을 받았어요. 너무 혼란스러운 나머지 제인에게 모든 걸 털어놓게 되었죠. 그녀는 저에게 가장 친한 친구나 마찬가지였기 때문에 예전 일을 사실대로 말했습니다. 그녀는 완전히 충격에 빠져서 도저히 감당하지 못했어요. 그동안 배신당한 줄도 모르고 있었으니 얼마나 큰 상처를 받았겠어요. 제가 지금까지 그녀를 속였다는 뜻이니까요. 그녀의 입장에서는 끔찍한 배신이었죠.

저도 정말 고통스러웠어요. 그녀를 떠나고 싶지 않았어요. 리처드는 아직 졸업하려면 2년이나 더 있어야 했고, 미래를 함께할 수 있는 상대는 아니었어요."

하워드 로젠은 로버트의 인생에 일어난 변화에 대해 이렇게 설명한다.

"남자가 갑자기 동성애에 빠지는 이유는 예전부터 남자에게 관심이 있었기 때문입니다. 그의 정체성은 이미 남자를 향해 있었지만, 평범한 사람처럼 지내고 싶은 욕구 때문에 오래전부터 억눌러왔던 것뿐이죠.

많은 이들이 자신의 감정을 평생 억누르며 살아가는 반면, 내면에서 꿈틀대는 깊은 불만족을 도저히 참지 못하는 이들도 있습니다. 여자인 파트너에게 만족하면서 친구처럼 지내는 결혼생활에 만족할 수도 있지만, 성적이고 정서적인 만족을 경험해보지 못했다는 강한 결핍감은 언젠가 그 사람을 분열시킬 수 있습니다."

로버트의 이야기가 이어진다.

"제인에게 헤어지고 싶지 않다고 계속 말했어요. 그때는 뭐가 뭔지도 몰랐다고. 저는 속으로 내가 양성애자일 수도 있으니 잘 이겨낼 수 있으리라고 생각했어요. 전 남자와 여자를 모두 원했고, 제인이 그걸 받아들이지 못하는 건 당연했죠. 저와 아내는 낭만적인 관계였는데, 지금 생각해보니 남매 같은 사이였던 것 같아요.

아내가 그렇게 고통스러워하는 모습을 보니 그녀를 배신했다는 자괴감이 들었어요. 저를 자신의 인생을 무너뜨린 괴물처럼 바라보는 그녀 때문에 정말 힘들었죠. 헤어진 후에도 친구 사이로 지내려고 노력했고, 몇 년 동안 연락을 주고받다가 끊겼습니다.

몇 년 후 대학 동창회에 갔다가 그녀의 소식을 들었는데, 다시 결혼을 하지 않았고 성도 바꾸지 않았더군요. 가끔은 제가 그녀에게 유일한 남자일 거라는 상상도 합니다. 한 번 만나서 이야기를 나눴는데 우리 둘 다 이별에 대해 서로의 잘못을 탓하고 있었어요."

사랑하던 남자가 동성애자로 변한다면 십중팔구 자신이 부족해서라고 여기게 된다. 여자로서 자신이 덜 매력적이어서, 남자가 그렇게 된 거라고 생각하는 것이다.

"그녀는 자신이 좀 더 괜찮은 여자였거나 달랐다면 그런 일이 일어나지 않았을 거라고 생각했어요. 하지만 절대 그런 이유가 아니었어요. 제가 평생 관계를 맺은 여자가 두 명인데, 그녀들 모두 성적으로 약간 억압되어 있었죠. 오히려 제가 남자다움이 부족해서 그녀들에게 더 잘해주지 못했다는 생각이 들어요."

어떤 남자들은 남자와 있을 때 성적으로 훨씬 자유로움을 느낀다.

"두 여자와의 관계는 모두 고정관념에서 벗어나지 않는 전형적인 관계였어요. 남자인 제가 적극적이고 공격적인 역할, 그녀들은 소극적인 역할을 맡아야 했죠. 그래서 외로웠어요. 전 그런 역할이 싫었거든요. 돌이켜 생각하면 둘 다 저를 진심으로 만지고 싶어 하지 않은 것 같아요.

제가 억압된 여자에게 이끌린 이유는 여자와의 성관계에 자신이 없고 두려웠기 때문이기도 했습니다. 성에 억눌리지 않은 여자라면 제가 더 잘해야 하니까 두려웠겠죠. 그런 여자들은 훨씬 더 바라는 게 많을 테고, 만족시켜주기가 어려울 테니까요."

하워드 로젠은 일반적으로 동성애적 사고방식이 이성애보다 훨씬 자유롭다고 말한다.

"동성애적 사고방식은 한마디로 무법 정신이죠. 사람들은 자신이 이미 '정도에서 이탈했다.'고 생각하는 순간 과격해집니다. 동성애는 그에게 '다 괜찮으니 원하는 대로 해라.' 하고 말해요. 게이 사회에서는 성적이고 정서적인 감정을 전부 탐색해볼 자유가 있기 때문이죠.

또 게이 남성의 욕망은 대부분 힘을 토대로 합니다. 하지만 게이 사회에서 커플을 이루는 것이 중요하지 않다는 의미는 아닙니다. 그들에게도 '결합'의 욕망이 존재하고, 파트너와 장기적으로 만족스러운 관계를 유지하려고 해요.

이처럼 성적 자유와 커플이 되고자 하는 욕망이 동시에 존재한다는 것이 게이 사회의 어려움이기도 하죠. 모든 게이 남자들이 내면에서 겪는 갈등이라고 볼 수 있어요. 물론 이성관계에도 어느 정도 존재하는 양상이지만요.

동성애 커플도 결혼을 원하는데, 사랑하는 사람과 함께 하고 싶다는 일차적 욕구과 더불어, 정상적이고 합법적인 것에 대한 욕망으로 해석할 수 있어요. 그런데 게이 사회에서의 성적 표현은 매우 자유분방하기 때문에 일부일처주의를 유지하기가 힘들고 다른 관계에 아무렇지 않게 끼어드는 경향이 있습니다."

알렌 리트왝은 이에 대해 다음과 같이 설명한다.

"커플이 하나가 되려면 성적인 부분과 사랑의 감정이 동시에 충족되어야 합니다. 남자든 여자든 사랑의 부족한 부분을 채우기 위한 수단으로 성을 활용하는 사람들도 있죠. 그러나 인간은 성숙해지면서 상대를 완전한 사람 그 자체로 사랑할 수 있는 능력을 키우게 됩니다. 이런 점에서는 동성애자나 이성애자나 마찬가지예요. 성과 사랑을 하나로 엮을 수 있어야만 장기적인 관계를 유지할 수 있는 것이죠.

일반적으로 동성애 커플이 헤어지는 것은 보통 사람들에 비해 훨씬 쉽습니다. 반드시 함께 살아야 한다는 사회적 구속력이 없기 때문이죠.

헤어진 후 호모포비아가 되기도 해요. 자신이 정상인이 아니며 무언가 잘못된 행동을 했다는 생각 때문이죠. 사회가 그런 생각을 하게 만드는 겁니다."

사람들은 어떤 식으로든 수시로 변한다. 그것을 미리 예측할 수 있는 사람은 아무도 없다. 동성애든 이성애든, 서로 사랑하다가 헤어진다고 해서 그것이 반드시 관계의 실패를 의미하는 것은 절대 아니다.

당신의 남자가 남자를 사랑하고 있다면?

- 그가 남자를 원하는 것이 당신이 부족해서가 아니라는 점을 명심해라.

- 그를 바꾸려고 하지 마라. 그의 선택은 내면의 복잡한 욕망이 만든 결과물이다.

- 그가 게이라면 그의 지성과 감성, 위트 등을 친구로서 좋아해라. 사랑은 억지로 되지 않는다. 있는 그대로의 그를 존중하고 가능성에 대한 희망을 버려라.

여자가 아닌 남자를 사랑하는 남자에게

- 성적 정체성에 관한 갈등을 겪고 있다면 전문가의 도움을 구해라. 게이로 살아가기 위해선 사회적인 제약을 감수해야만 한다.

- 후회 없는 결정을 위해 시간을 두고 고민을 거듭해라. 무엇이 당신을 그렇게 만드는지를 명확히 파악해라.

- 거짓말과 자기 비하는 당신에게 독이 될 뿐이다.

- 만나는 모든 사람과 당당하고 솔직하게 대화하는 법을 배워라. 그것이 당신의 자존감을 높여줄 것이다.

15

꺼진 불꽃을 다시 타오르게 할
사랑의 묘약

> 지성은 하나의 눈을 가지나,
> 사랑은 천 개의 눈을 가지고 있다.
> – 성 토마스 아퀴나스

남녀관계에 정답이란 없다. 그러나 오답은 반드시 존재한다. 그릇된 무언가를 바로잡는 일은 한쪽의 힘만으로는 불가능하며 두 사람이 함께 노력을 기울여야 한다.

이번 장에서는 꺼져가는 사랑의 불꽃을 되살려줄 8가지 '사랑의 묘약'을 소개하려 한다. 이것은 우리를 환상과 흥분의 세계로부터 평정과 안정의 세계로 인도해줄 것이다. 또한 모든 사람들을 있는 그대로 받아들이고 존중할 수 있도록 도와줄 것이다.

처음 사랑에 빠지면 누구나 꿈과 환상에 사로잡혀 자신의 삶을 완전하게 만들어줄 사람을 찾았다고 생각하게 된다. 그러나 이 단계가 지나면 괜히 우울해지고 상대방을 탓하며 탈출구를 찾거나, 자신에게 파괴적인 행동까지 서슴지 않는 사람들이 있다. 꿈에 부푼 처음의 상태에서는 사랑 뒤에 존재하는 현실을 직시하기 힘들다. 그러나 이 현실을 외면하면 나중에 엄청난 대가를 치르게 된다.

진정한 사랑을 원하는가? 내게 꼭 맞는 상대를 찾고 싶은가? 그와의 관계를 굳건히 다지고 싶은가? 행복한 결혼생활을 꿈꾸는가? 그렇다면 지금부터 설명하는 8가지 단계를 완전히 이해하고, 사랑할 때 저지르기 쉬운 실수들을 원천봉쇄하도록 노력해보자. 우리는 누구나 사랑에 헌신할 준비가 되어 있는 사람들이다.

사랑의 묘약 1 • 우선순위를 정해라

먼저, 자신이 남녀관계에서 가장 중요하게 생각하는 것이 무엇인지를 파악해라. 누구에게나 이것만은 꼭 필요하며 이것만은 절대 안 된다고 생각하는 것이 있을 것이다. 모든 사람들이 내가 원하는 특징을 전부 가질 수는 없다.

인내심, 순수함, 유쾌함, 독립심, 성실함, 융통성, 경제력, 신앙심, 보수성, 과묵함, 소유욕, 외모, 성적 매력 등 수많은 조건 중 당신만의 우선순위 리스트를 만들어라. 당신이 상대에게 반드시 원하는 요건은 무엇인지 신중하고 솔직하게 생각해보자. 만약 상대가 그 기준에 맞지 않는다면, 그를 무조건 비난하기보다 그저 내가 원하는 바와 맞지 않는 사람이라고 생각하는 것이 옳다.

이 리스트의 순위는 언제든 바꿀 수 있다. 꼭 필요하다고 생각했지만, 막상 현실에서는 상관없을 수도 있다. 별로 중요하지 않다고 여겼지만 시간이 지날수록 당신을 불안하게 만드는 요소도 있을 것이다.

이 리스트를 작성할 때 가장 중요한 점은 내 마음에 솔직해져야 한다는 사실이다. 우리는 자신의 진정한 속내를 계속 발견하고 인정함으로써 기쁨을 느낄 수 있다.

내가 누구인지를 알고 내가 원하는 것을 알아야만 관계에 최선을 다할 수 있다. 언젠가 내가 되고 싶은 모습이나 상대방이 되길 바라는 모습을 토대로 관계를 이어나가서는 안 된다. 현재 자신의 모습에서부터 출발하는 것이 최선이다.

사랑의 묘약 2 · 거짓된 사랑과 진실한 사랑을 구별해라

세상엔 진실한 사랑의 가면을 쓴 거짓 사랑이 난무하지만, 우리는 그 둘을 잘 구별해내지 못한다. 사랑에 대한 목마름 때문이다. 가짜 사랑은 필요 이상의 의존, 힘, 통제를 포함하고 있다. 이것은 사랑보다 집착에 가깝다.

그저 호감만으로 사랑을 이어나갈 순 없다. 상대에게 무조건 잘 보이려 하지 말고 진정으로 그가 원하는 게 무엇인지 귀를 기울여 보자.

내가 그 사람을 원하는 진짜 이유는 무엇인가? 함께 길을 걸으면 으쓱해지기 때문인가? 안정감을 주는 사람이기 때문인가? 그는 당신의 모습을 있는 그대로 사랑하는가? 혹시 내게서 과거의 망령을 찾으려 하지는 않는가?

그에게 과거의 관계에 대해 물어라

과거에 그가 맺었던 관계들이 얼마나 오래 지속되었는지, 그가 얼마나 충실했었는지 등을 아는 것은 매우 중요하다. 그 관계에서 가장 좋았던 점과 가장 힘들었던 점은 무엇이었는지도 물어보자. 그 관계를 먼저 끝낸 것이 상대방이었는지, 그 이유는 무엇이었는지, 그의 대답에 유심히 귀를 기울여라. 당신과 그의 관계도 똑같이 반복될 가능성이 있을 테니까.

상대방이 원하는 바가 내가 자연스럽게 가질 수 있는 것들인가? 아니면 그에게 맞추기 위해 당신이 가진 것을 버려야 하는가?

사랑하면 얼마든지 서로를 위해 변할 수 있다는 생각은 아주 흔하지만 위험한 착각이다. 작은 습관이나 행동은 바뀔 수도 있지만 개인의 근본적인 성향은 결코 쉽게 바뀌지 않는다.

그의 있는 그대로의 모습을 받아들이고, 그의 말을 존중해라

마음에 드는 사람을 만나면 자기 자신을 보여주고 싶어진다. 그러나 조용히 그의 말을 들어줄 필요도 있다.

그의 가족, 형제자매, 부모의 결혼생활 등에 대해 물어보자. 사람은 어릴 때부터 보고 자란 부모의 행동을 커서 똑같이 반복하는 경우가 많다.

만약 행복하지 못한 가정에서 자랐다면 그가 자신을 위해 얼마나 노력하고 있는지, 그의 가족들도 자신들의 문제점을 인정하고 개선하기 위해 애쓰고 있는지 알아보자.

자기를 잘 파악하는 상대를 만나라

남녀관계에서 패턴은 계속해서 반복된다. 따라서 상대방이 스스로에 대해 얼마나 알고 있는지를 파악하는 것이 꼭 필요하다.

그는 때로 자신이 실수한다는 사실을 인정하는가? 처음엔 이런 질문을 던지는 것 자체가 낭만적인 환상을 깨뜨릴 수도 있다.

하지만 길게 보면 매우 바람직한 일이다. 진정성을 나눌 수 있을 뿐 아니라, 환상이 사라진 후 겪게 될 엄청난 상실감과 고통을 상쇄해줄 수 있기 때문이다.

사랑의 묘약 3 · 편견과 선입견을 버려라

나의 희망사항을 상대방에게 투영하지 마라. 상대의 이야기를
들을 때는 그에 대한 이미지나 판단을 제쳐둬라. 당신의 욕구를
배재한 채 있는 그대로의 모습만 바라보아야 한다. 상대방의 반응
에 일일이 기뻐하거나 실망한다면, 아마 그는 자신이 평가 당한다
는 느낌 때문에 입을 다물거나 말을 바꾸려 할 것이다.

그의 말을 끊지 마라. 그가 다른 사람이었으면 좋겠다는 말도
하지 마라. 그의 말을 그냥 들어주어라. 당신이 질문을 해놓고 그
답에 대해 평가한다면, 그는 마음을 툭 터놓고 사실대로 말하려
하지 않을 것이다.

사랑의 묘약 4 · 있는 그대로의 모습으로 다가가라

그를 바꾸려고 하지도 말고 내가 변하려고 하지도 마라. 수많은
관계들이 서로에게 더 맞는 사람이 되기 위해 '변할 수 있다.'는 헛
된 희망으로 시작된다. 사랑의 힘으로 그것이 가능하다고 믿는다.
그리고 바뀌지 않으면 그건 사랑이 부족하기 때문이라고 멋대로
판단해버린다.

하지만 이것은 정말 어리석은 짓이다. 상대방의 근원적인 모습

에 불만족스러워 하는 사랑은 위태로울 수밖에 없으며, 결국엔 두 사람 모두 괴로워진다. 진실을 인정하기 위해선 용기와 지혜가 필요하다. 상대의 어떤 특징을 견딜 수 없다고 해서 그 사람이 나쁜 사람인 것은 아니다. 그저 서로 맞지 않을 뿐이다.

사랑의 묘약 5 · 어떤 경우에도 거짓말하지 마라

연인관계에서는 처음에 상대의 호감을 사기 위해 자신의 모습을 부풀리거나 감추는 등 거짓말을 하게 되는 경우가 많다. 그러나 거짓은 오래 가지 못한다. 진실은 드러나게 되어 있으며, 가능한 한 빨리 드러날수록 좋다.

중심을 지키면 속지 않을 수 있다. 그의 주변사람들을 보면 그가 어떤 사람인지 답이 나온다. 그의 친구들과 가족을 만나보고 한번쯤은 그의 직장 동료들을 만나보는 것도 좋다.

인생에 대한 그의 가치관을 자주 묻고, 그 대답이 당신이 파악한 그의 모습과 일치하는지 살펴라.

놀랍게도 꽤 많은 이들이 사랑을 붙잡기 위해 자신의 판단과 인식을 기꺼이 포기한다. 환상은 매혹적이지만, 당신은 있는 그대로의 모습으로 사랑받을 가치가 있다. 누구나 그렇다.

사랑의 묘약 6 · 충분한 시간을 가져라

사랑에 빠지면 마음이 급해진다. 얼른 가까워지고 싶고 좀 더 오래 같이 있고 싶다. 그러나 조바심은 금물이다. 누군가를 알기 위해선 시간이 필요하다. 사람의 본모습은 천천히 드러난다. 성급해지지 말고 상대도 그러지 않도록 도와주자. 모든 관계에는 인내심이 필요하다.

그에게 많은 말과 행동을 강요하지 마라. 함께 시간을 보내면서 천천히 그의 행동과 반응을 살피며 서로를 알아가라.

또한 그가 떠날까 두려워 별로 내키지 않는 일을 약속하지 마라. 만약 그런 이유로 떠나는 사람이라면 차라리 헤어지는 것이 낫다. 내게 필요한 사람은 내 의견을 존중해주는 사람이다. 물론 그의 의견도 존중해야 한다.

사랑의 묘약 7 · 내가 느끼는 환상을 파악해라

상대를 이해하는 것도 중요하지만 나 자신의 장단점을 아는 것도 중요하다. 사람은 누구나 무의식적으로 환상과 강박을 가지고 있다. 이것이 자기도 모르는 사이에 좋은 사람을 알아보지 못하게 방해할 수 있다. 그래서 머물러야 할 때 떠나게 만들고 떠나야 할 때 머무르게 만든다.

내가 원하는 관계라면 스스로의 행동에 책임을 지자. 되는 대로 흘러가게 내버려 두지 마라. 내가 원하는 생활방식, 가치관, 삶의 질에 관계의 초점을 맞춰라. 누군가를 만날 때 항상 이것을 의식하고 상대가 정말 나와 인생을 공유할 수 있는 사람인지 판단하자.

물론 처음부터 공감대가 형성되지 않을 수도 있다. 여기에도 인내심은 필요하다. 상대의 진심을 존중하고 그의 존재를 있는 그대로 받아들이고 그 관계에서 안정감을 느낄 때, 진정한 사랑은 싹틀 것이다.

사랑의 묘약 8 • 매사에 감사해라

사랑에는 진실과 지혜, 그리고 경계와 신중함이 필요하다. 내가 지금까지 받은 것과 받고 있는 것에 감사하며 살자. 충만한 관계를 원한다면 나부터 더욱 충만한 사람이 되어보자. 너그러운 사람을 원한다면 내 마음부터 너그럽게 가져보자. 어린아이 같은 유치한 요구는 버리고 상대를 행복하게 해주려고 노력하자.

현재 내가 갖고 있는 것에 대해 매일 감사하는 마음을 가져라. 그러면 부정적인 생각을 버리고 삶의 풍요로움에 집중할 수 있다. 매일 일기를 쓰는 것도 도움이 된다. 조금씩 꾸준히 하면 나중에 놀랄 만한 효과를 느낄 것이다. 매일 끊임없이 선물을 받고 있다는 사실을 깨닫게 되고, 그러면 누군가에게 그것을 돌려주고 싶어질 것이다.

주변에 베풀수록 결국은 더 많이 받게 된다. 머지않아 당신의 인생은 더욱 행복하고 애정 넘치는 관계들로 가득 찰 것이다.

필요하다면 신앙의 힘을 빌리는 것도 괜찮다. 더 큰 가치를 추구하면 일상의 자질구레한 유혹과 실패는 아무것도 아닌 것이 되어버리기 때문이다.

마지막 춤은
나와 함께

우리 인생에서 사랑보다 중요한 게 또 있을까. 그런데 왜 누구도 제대로 사랑하는 법을 가르쳐주지 않을까. 타고난 본성이 다르듯 사랑하는 법도 모두 가지각색이라지만, 지금까지 살펴보았듯 서로가 덜 상처받고 더 성장하는 '사랑의 기술'은 분명 존재한다.

　사랑은 한 가지 관점으로만 보기에 너무나 크고 신비로운 주제이며, 사랑에 빠지는 건 불가항력이다. 그러나 사랑을 오래 유지시키는 건 치밀하고 사소하고 때론 구질구질한 일상의 노력들이다. 사랑은 가슴이 시키지만 사랑을 지속하게 하는 건 이성적인 행동과 말이다. 사랑에도 지혜와 계산과 절제가 필요하며, 타이밍 또한 중요하다. 사랑은 우리에게 다시없을 황홀경을 선사하지만, 때로 우리를 끝없는 절망의 나락으로 빠뜨리기도 한다. 사랑은 과거의 오랜 상처를 치유하지만, 그 자체가 상처와 동의어이기도 하다.

사랑하면 마냥 행복할 줄만 알았는데, 왜 이렇게 아파야 하는 걸까? 가끔씩 어디론가 달아나고 싶어지는 건 왜일까? 사랑하는 법이 따로 있다면, 이미 마음이 떠난 사람을 잊는 법과 새로운 사랑을 시작하는 법도 배울 수 있지 않을까?

사랑을 있는 그대로 받아들이고 새로운 감정으로 승화시키기 위해서는 딱 하나만 기억하면 된다. 관계란 원래 어렵다는 사실이다. 그러나 이 점을 인정하고 사랑을 시작하는 사람은 많지 않다.

우리는 마치 삶이라는 놀랍고 황홀한 파티에 초대받은 불평 많은 손님처럼 하루하루를 살아간다. 파티를 즐기지 못하고 음식에 불평하며, 이 파티가 영원하지 않다는 사실에 화를 낸다. 또 다른 손님들의 결점을 트집 잡는 데 아까운 시간을 허비한다. 애초에 이 파티가 왜 열렸는지, 누가 나를 초대했는지는 까맣게 잊어버린다. 자신만이 주인공이라는 환상에 사로잡혀 모두 다 똑같이 초대받은 귀한 사람들이라는 걸 깨닫지 못한다. 자신이 훌륭하고 멋진 파티에 초대받았다는 사실 자체에 감사할 줄 모르는 것이다.

누군가와 사랑할 수 있다는 사실 자체에 감사하는 마음을 가져보자. 이별이 두려워 몸을 사리는 어리석은 짓은 그만 하자. 완전한 사랑엔 용기가 필요하다. 용기는 굳건한 믿음에서 나온다. 삶 자체에 대해, 나 자신에 대해 진정한 믿음을 갖고 있는 사람은 흔치 않다. 여러 번의 시행착오를 거치고, 굳은살이 상처를 여러 번 덮은 후에야 다시 일어나는 법을 배울 수 있다. 그러므로 실패에 맞닥뜨렸을 때 절망하기보단 감사해야 한다. 그러면 우리는 좀 더 용감하고 강한 어른이 될 수 있다.

세상에서 변하지 않는 것은 단 하나뿐이다. 바로 모든 것은 변한다는 사실이다. 사랑하는 사람을 떠나거나 사랑하는 사람이 나를 떠나가는 순간은 분명 고통스럽다. 그러나 이 또한 삶의 한 조각일 뿐이다.

나와 상대방을 있는 그대로 받아들이고 진심을 다해 사랑하자. 더 충만하게 빛날 내 인생을 위해, 그리고 내 마지막 춤을 함께 할 그 사람을 위해.

인생학교 시리즈
알랭 드 보통 외 지음 | 정미나 외 옮김 | 각 권 12,000원

알랭 드 보통이 영국 런던에서 문을 연 '인생학교'는 삶의 의미와 살아가는 기술에 대해 강연과 토론, 멘토링, 커뮤니티 서비스 등을 제공하는 글로벌 프로젝트다. 이 책은 '인생학교' 최고의 강의 6편을 책으로 엮은 시리즈다. 일, 돈, 사랑, 정신, 세상, 시간 등 6가지 인생 키워드에 대해 근원적인 탐구와 철학적 사유를 제안한다.

멈추면, 비로소 보이는 것들
혜민 지음 | 이영철 그림 | 14,000원

관계에 대해, 사랑에 대해, 인생과 희망에 대해… '영혼의 멘토, 청춘의 도반' 혜민 스님의 마음 매뉴얼. 하버드 재학 중 출가하여 승려이자 미국 대학교수라는 특별한 인생을 사는 혜민 스님. 수십만 트위터리안들이 먼저 읽고 감동한 혜민 스님의 인생 잠언!(추천: 쫓기는 듯한 삶에 지친 이들에게 위안과 격려를 주는 책)

마음 아프지 마
윤대현 지음 | 15,000원

연애부터 일까지, 언제나 당신의 편이 되어줄 파격적인 인생상담. 이 책은 인생에서 빼놓을 수 없는 화두인 연애, 우정, 가족, 직장 등에 대한 고민과 저절로 마음이 든든해지는 해결책을 담고 있다. 현실적인 인생진단과 위안을 동시에 얻고 싶은 욕심 많은 청춘에게 명쾌한 처방전이 되어줄 것이다.

나는 다만, 조금 느릴 뿐이다
강세형 지음 | 14,000원

안 아픈 척, 안 힘든 척, 다 괜찮은 척… 세상의 속도에 맞추기 위해, 그렇게 어른처럼 보이기 위해 달려온 당신에게 보내는 담담한 위안과 희망. 나는 왜 이렇게 평범한 걸까, 나는 왜 이렇게 어중간한 걸까 생각해본 적 있다면, 설렘보다 걱정이 앞선다면, 이 책이 반가움과 작은 희망이 되어줄 것이다.

나의 치유는 너다
김재진 지음 | 14,000원

"좋은 일에도, 나쁜 일에도, 칭찬에도, 비난에도 더 이상 흔들리지 않는 당신을 위한 선물!" 세월, 고통, 사랑, 용서 네 가지 주제로 이루어진 인생수업에 우리를 초대하는 이 책은 행복하길 원하면서도 실제로는 행복에 가치를 두지 못하고 있는 이들에게 보내는 위로와 배려의 메시지로 가득하다.

떠날 수도 머물 수도 없을 때

프랜 코헨 프레이버 지음 | 박지훈 옮김 | 14,000원

사랑의 아픔을 다독일 수 있는 능력은 이미 우리 안에 자리 잡고 있다! 흔들리는 사랑에 아파하는 모든 남녀들에게 건네는, 세계적인 심리학자이자 연인관계 전문가 프랜 코헨 프레이버의 온화하고 격조 있는 조언들. 본질을 꿰뚫는 예리한 통찰, 다양한 연인들의 가슴 뭉클한 사연과 함께 사랑의 감정을 되살리는 길을 안내한다.

나는 아내와의 결혼을 후회한다

김정운 지음 | 13,000원

성공을 향해 달음질쳐봐도 왠지 행복과는 점점 거리가 멀어지는 듯하고, 위로받고 싶지만 딱히 누군가에게 하소연할 수도 없는, 이 땅의 남자들을 위한 통쾌한 처방전이다. 통렬한 입담에 박장대소하다 보면, 소박한 공감과 위로를 발견할 수 있다. (추천: 의무와 책임만 있고 재미는 잃어버린, 이 시대 남자들을 위한 심리에세이)

남자심리지도

비요른 쥐프케 지음 | 엄양선 옮김 | 14,000원

남자의 일생을 심리학적으로 고찰한 탐구서이자 남자의 '감정'에 관한 본격 분석서. 남자로 살아가느라 자기 자신과 소통하는 법을 배울 기회가 없었던 고단한 남자들에게 스스로 내면세계를 들여다볼 수 있도록 위로하고 힘을 북돋워준다. (추천: 남자들의 복잡다단한 감정과 고독, 트라우마 등을 이해할 수 있게 도와주는 책)

도대체, 사랑

곽금주 지음 | 14,000원

사랑을 하면 아프지 않을까? 왜 누굴 만나도 외로울까? 사랑에 대한 복잡하고 어려운 질문들을 따뜻하고 지혜로운 시선으로 풀어낸, 최고 심리학자 곽금주 교수의 첫 번째 사랑 에세이. 장르를 넘나드는 작품들, 흥미로운 사례를 중심으로 읽는 재미와 깊은 깨달음을 준다. (추천: 사랑 때문에 아파하는 이들에게, 성숙하고 행복한 사랑의 길잡이가 되어주는 책!)

가끔은 제정신

허태균 지음 | 14,000원

우리가 무엇을 착각하는지 알면 세상을 알 수 있다! '착각' 연구 대한민국 대표 심리학자 허태균 교수가 선사하는 우리 '머릿속 이야기.' 이 책은 심리학적 이론을 토대로 '착각의 메커니즘'을 유쾌하게, 명쾌하게 때로는 뜨끔하게 그려낸다. (추천: 타인의 속내를 이해하려는 사람이나, 중요한 의사결정을 내려야 하는 리더들에게 꼭 필요한 책)

당신을 만나는 모든 사람이 당신과 헤어질 때는

더 나아지고 더 행복해질 수 있도록 해라.

– 테레사 Theresa